迎难而上

组织重塑力

［美］保罗·休梅克 著
（Paul Shoemaker）
樊书嘉 译

TAKING CHARGE
OF CHANGE

HOW REAL PEOPLE SOLVE
HARD PROBLEMS
HOW REBUILDERS SOLVE
HARD PROBLEMS

中国科学技术出版社
· 北 京 ·

Taking Charge of Change: How Real People Solve Hard Problems: How Rebuilders Solve Hard Problems by Paul Shoemaker

Copyright: 2021 Paul Shoemaker

Published by arrangement with HarperCollins Leadership, a division of HarperCollins Focus, LLC.

北京市版权局著作权合同登记图字：01-2022-1524

图书在版编目（CIP）数据

迎难而上 : 组织重塑力 / (美) 保罗·休梅克著；

樊书嘉译. —— 北京 : 中国科学技术出版社, 2022.6

书名原文 : Taking Charge of Change: How Real

People Solve Hard Problems: How Rebuilders Solve

Hard Problems

ISBN 978-7-5046-9495-9

Ⅰ.①迎… Ⅱ.①保…②樊… Ⅲ.①组织管理 Ⅳ.①C936

中国版本图书馆CIP数据核字（2022）第048102号

策划编辑	申永刚　刘　畅	
责任编辑	申永刚	
封面设计	马筱琨	
版式设计	锋尚设计	
责任校对	焦　宁	
责任印制	李晓霖	

出　　版	中国科学技术出版社
发　　行	中国科学技术出版社有限公司发行部
地　　址	北京市海淀区中关村南大街 16 号
邮　　编	100081
发行电话	010-62173865
传　　真	010-62173081
网　　址	http://www.cspbooks.com.cn

开　　本	880mm×1230mm　1/32
字　　数	156 千字
印　　张	8.25
版　　次	2022 年 6 月第 1 版
印　　次	2022 年 6 月第 1 次印刷
印　　刷	北京盛通印刷股份有限公司
书　　号	ISBN 978-7-5046-9495-9 / C·192
定　　价	69.00 元

（凡购买本社图书，如有缺页、倒页、脱页者，本社发行部负责调换）

感谢萝莉，我一生中的灵魂伴侣，
无数次教导我如何通过倾听来正确地领导团队。

谢谢我的孩子们，山姆、尼克和本，
激励着他们的父亲每天都努力让他们感到骄傲。

还要感谢本书中的 38 位重塑者，
他们帮助我重新想象未来真正所需的领导力。

Contents
目　录

绪论｜我们的桥梁 ················· 1

在一个意想不到的地方慷慨解囊 ················· 1

我家后面公园里的桥 ················· 5

重塑者的五大重要特质 ················· 6

为什么是这5个特质 ················· 8

展望未来 ················· 11

如何使用这本书 ················· 11

巨大的问题与世代相传的机遇 ················· 14

第一部分
我们的重塑者们

对处理垃圾感到兴奋的人 ················· 18

从塔桥上看 ················· 21

我研究的方式和对象 ················· 22

当前的领导模式是否已经被打破·······························25

活在奥利弗·温德尔·福尔摩斯

（Oliver Wendell Holmes）的名言中·················26

慷慨—复杂性和真实性—数据的组合·····················30

当有人终于在你身上看到了它时，

在你自己的内心深处找到它···························31

第二部分

为什么重塑者对21世纪20年代很重要

回到我房子后面的桥···36

第一章 | 我们从哪里来（1950—2000年）····················39

经济情况（1950—2000年）···························39

健康情况（1950—2000年）···························41

社会情况（1950—2000年）···························42

没有数据就没有北部成就区·····························46

总结（1950—2000年）·······························49

第二章 | 我们如今置身何处（2000—2020年）················52

经济情况（2000—2020年）···························53

当你没有足够的资源时，会发生什么·················57

健康情况（2000—2020年）···························60

社会情况（2000—2020年）···65

有时，这只是某人的身份···68

总结（2000—2020年）··71

第三章｜放大器··72

一号放大器：技术···73

二号放大器：媒体···77

团结一致有什么用···80

2020年的终极放大器：新冠肺炎疫情·····························83

第四章｜我们正在走向何方···85

跨部门灵活性的硕士课程···86

第三部分

五大重要特质

关于我的一点看法··95

第五章｜全天候的真实性··98

从一个"冉冉升起的新星"到一个"愤怒的黑人"··99

全天候的真实性的定义···103

屈服于意图···104

在一个放大的世界中的真实性·······································107

一个不同的视角··108

松弛管理的领导者·····································111

全天候的真实性在先天形成与后期培养中

　　所处位置·····································114

竞争优势·····································115

真实性的弊端·····································117

不是那个骑自行车的人·····································119

关于具备全天候的真实性的未来领导者，

　　我们需要知道的10件事·····································121

第六章｜解决复杂性问题的能力·····································124

还有什么事情能比在20世纪80年代

　　领导一家科技创业公司更复杂呢·····································125

解决复杂性问题的能力的定义·····································127

错综复杂……真正的复杂性·····································128

你最好确保有女性在团队中·····································131

旗帜的挥舞者和桥梁的建造者·····································137

我"爱"紧急情况·····································139

拥有解决复杂性问题的能力的弊端·····································140

不要点击发送·····································141

关于具备解决复杂性问题能力的

　　未来领导者，我们需要知道的8件事·····································143

第七章｜慷慨的心态·····································145

慷慨是一种策略·····································146

"慷慨的心态"的定义·····149

回报你所得到的慷慨·····150

穿紫色裤子的游乐场·····153

做事与做人·····155

在实地上·····157

另一个霍华德·····159

拥有慷慨的心态的弊端·····161

我就是桥梁·····162

关于具备慷慨的心态的未来领导者，

　　我们需要知道的7件事·····164

第八章 | 坚定以数据为信念·····166

用手电筒而不是锤子·····167

坚定以数据为信念的定义·····171

还有比费城更艰难的吗·····172

是否有一种重要的数据方法·····175

跨越界限·····178

坚定以数据为信念的劣势·····181

帮助像费利佩这样的人茁壮成长·····181

关于以数据为信念特质的未来领导者，

　　我们需要知道的8件事·····184

第九章 | 跨部门的灵活性·····185

寻找一个双向的价值主张·····186

跨部门的灵活性的定义……………………190

文化翻译家……………………191

飞鱼……………………194

经济效益与社会效益……………………196

完全对齐……………………202

耐心地不耐烦……………………203

跨部门的灵活性的弊端……………………205

这年头还有谁真的想竞选公职……………………205

并非总是最佳时机……………………208

关于具有跨部门的灵活性的未来领导者，

我们需要知道的5件事……………………212

第四部分
案例研究：过去、现在和未来

回顾性案例研究一：目标落空了……………………215

回顾性案例研究二：目标实现了……………………220

前瞻性案例研究三：我们未来的潜力……………………223

第五部分

我们可能的未来

第十章｜在一个后新冠肺炎疫情的世界里 ·························232

第十一章｜这关系到所有三类组织 ·······················234

    私营机构 ·······················235

    公共部门 ·······················237

    非营利组织 ·······················238

第十二章｜乐观主义与悲观主义 ·······················241

    最后一位重塑者的故事 ·······················244

后　记 ·······················249

绪论
我们的桥梁

在一个意想不到的地方慷慨解囊

罗珊娜·哈格蒂

罗珊娜·哈格蒂（Rosanne Haggerty）的故事是这样的。大学毕业后不久，她在纽约的住所对面有座大楼，这座大楼被称为"无家可归者的地狱"。该楼已经破产，陷入了一片极端的混乱之中，成为很多无家可归者的临时庇护所。200多名老年人和精神病患者长期挤住于此，随处可见毒品销售与卖淫活动。哈格蒂曾试图请住房机构来一起想办法拯救该建筑，但没人相信它可以被改造，所有人都认为这里已经无药可救了。就此哈格蒂毅然决定放弃她本来的工作来接手这个任谁看来都非常棘手的任务。

1990年，她成立了一个名为"共同点"（Common Ground）的组织，该组织大规模地向公众展示有关无家可归者流离失所问题的解决方案。在接下来的20年里，他们在纽约市及周边地区创造性地资助了近3000所新家园的建造工程，为4500名低收人和无家可归者提供了极大的帮助。尽管同时她也知道无家可归的现象正在持续加剧，但她还是勇往直前。

无家可归者的情况不因地理位置的不同而有所区别，它发生在城市中心、郊区以及农村地区。与城市地区较为明显的流落于街头的无家可归者不同，农村环境中的无家可归者通常是"隐身"的，通常很难被看到，但他们是一直存在的。无家可归者对当地居民生活质量、公共安全和社会经济发展的恶劣影响直接影响着众多非营利组织、公共部门和私营机构的发展，更不用说对公共和个人健康的危害了。

鉴于共同点组织［现名为"突破点"（Breaking Ground）］并没有阻止无家可归者数量的不断攀升，哈格蒂于2011年创立了"社区解决方案"组织（Community Solutions），致力于帮助全美国的社区消除无家可归的现象。仅仅过了4年后，他们的"十万个家"运动就超量完成一开始的既定目标，为10.5万名美国人提供了住房，这任谁看来都实在是一项了不起的成就。然而，在结束这项工作后，她还是无法逃避一个残酷的事实，那就是没有一个参与的社区完全消除无家可归的状况。她就像是正在尝试攀登一座越来越陡峭的山峰，而同时其山顶却越来越高。

如果你不了解哈格蒂，你可能会认为，过去她付出了那么多常人难以想象的艰辛努力，做了比以往任何人都多百倍的事情，她现在肯定会感到万分的沮丧和不满，从而灰心丧气。然而即使那时的她曾有一丝那样的感觉，她也并不会因此停止继续前进。哈格蒂有着钢铁般坚定的眼神，保持着她一贯非常谦逊的态度，还在为全美国的社区和无家可归者继续努力着。

到了2015年，她和社区解决方案组织发起了"为零而建"运动，该运动最终证明，只要满足了适当的条件，社区就能结束久拖不决的流浪者和退伍军人无家可归的状况（他们称之为"零功能性"）。那么，在这个存在于美国社会中的最明显、最活生生，同时似乎是最难解决的问题上，哈格蒂和她的团队在经历了无数个在街头奔波努力的日夜后，最终取得进展的关键是什么？用她自己的话来说，就是拥有慷慨的心态。

她是如何使美国11个社区里的长期无家可归者结束流浪生活的（例如在弗吉尼亚州的阿灵顿、加利福尼亚的河滨市，还有田纳西州的查塔诺加等地）？她通过什么途径终结了在新泽西州伯根县、宾夕法尼亚州兰开斯特以及伊利诺伊州罗克福德等地的退伍老兵们无家可归现状？

显然是通过：

▶ 在尊重彼此差异的同时，致力于团结，寻找可以分享的东西。

▶ 为多种观点留出空间。

▶ 找到作为一个领导者的不适边缘，就像攀岩者所做的那样，超越自己的预期界限，以领导各种不同的人。

通过做所有这些事情，一个城市将"围绕着一个共同的、无党派的社区目标而被联系在一起"，而她将创造一个"强大的共同真理，比如知道每个无家可归者的名字和身份"，因此它对每个人来说都是可以个性化的。这就是"慷慨的心态"的模样，同时这也是如何应对美国社会中这一最复杂、最令人困惑的挑战的方法。即使在面对像消除无家可归现象如此复杂又艰巨的任务的情况下，哈格蒂也可以保持这种慷慨的态度。

在过去的几年里，我与她一起参加了不少会议，进行了很多次谈话。我不知道我第一次见到她时，是否真的理解"慷慨的心态"的含义。随着时间的推移，它变得越来越清晰。她相信它并且正在寻找与她一样相信的人。她在任何时候都表现得四平八稳，这种从容甚至已经成为她的"妆容"的一部分。她的领导方式是让每个人都参与进来，同时建立团队中的高度信任，确保工作在相互信任的人之间高速有效地进行。她通过战略性的、着重强调慷慨的心态的方式来领导着大家持续前进。

哈格蒂已经积累了几乎所有我们可能在社会领域中能获得的奖项和研究基金。她同时也是新型领导者的典范，是美国从现在开始至未来将越来越需要的那种领导者。她是一名重塑者。

我家后面公园里的桥

当我上一二年级时，住在艾奥瓦州的道奇堡，斯内尔·克劳福德公园距离我们的后院只有几百英尺[①]。在那些炎热潮湿的夏天，我会走进树林里，尽量避开那些有毒的常春藤，沿着士兵溪散步。沿着小路的某个地方有一座简易的小拱桥（如图1所示），桥上是横跨小溪的马路。我常常坐在那座小桥下，等待汽车轰隆隆地驶过。即使只是这么一座简易的小桥，也使我开始感到着迷。它只是一座小小的拱桥，怎么能够承载那么长一条水泥路上的无数辆正在飞速而过的汽车呢？

2020年，美国各地的很多桥梁都正在因为磨损而急剧恶化。最近的一份报告估计，修复所有这些桥梁将需要80年以上

图1 小拱桥

---

① 1英尺≈0.3048米。——译者注

的时间。美国有超过600 000座桥梁，其中235 000座需要适当的维修，而这几乎是美国全部桥梁的40%。更严重的是，其中还有将近8%的桥梁，即多达46 000座存在"结构性缺陷"，需要紧急重建。

2020年，我们这种不断恶化、具有结构性缺陷的桥梁状况对我们现在生活的国家而言是一个引人深思的象征。如今美国民间的社会、经济和健康结构的状况是几十年来最糟糕的。

我们国家的太多地方需要紧急维修和重建，例如那8%存在结构性缺陷的桥梁。也许没有任何问题能像无家可归现象这样能如此明显地反映出我们国家急需重建的需求，而这正是哈格蒂毕生所为之努力的工作。现在和将来都是如此，这个时代需要这样创新型的领导者。

哈格蒂和你接下来将了解到的其他36位引领者一样，是一位重塑者，是21世纪20年代的时代领导者。重塑者们具有各种综合素质和技能，可以使他们在现在这个不平等与孤立状况日益加剧的美国，有效地解决由经济、社会和健康状况等方面差距的日益悬殊而导致的诸多问题。

重塑者的五大重要特质

重建者最重要的5种领导素质与才能，即5种重要的特质分别是：

全天候的真实性（24-7 Authenticity）；

解决复杂性问题的能力（Complexity Capacity）；

慷慨的心态（Generosity Mindset）；

坚定以数据为信念（Data Conviction）；

跨部门灵活性（Cross-Sector Fluency）。

这些特质就像桥梁的各个部分一样，相互关联并形成一个凝聚的整体。当我们走过或驶过任何一座桥时，除非你是工程师，否则你不可能完全掌握有多少相互连接的部分是如何一起发挥作用的，如桩、墩、桥台、上部结构等。

一座桥之所以能保持屹立在原地，是因为作用在它身上的所有力量之间都是平衡的。大多数桥梁在几年、几十年，甚至几个世纪里都是如此。桥梁的种类很多，但几乎所有的桥梁都在小心翼翼地平衡着两种主要的力：压力（向内作用的推力或挤压力）和拉力（向外作用的拉力或拉伸力）。

对于重塑者而言，"全天候的真实性"和"慷慨的心态"的重要特质与"坚定以数据为信念"和"解决复杂性问题的能力"的有形技能需要相互平衡。而将它们联系在一起的特质是跨部门灵活性（见图2）。我们将在本书的第三部分更深入地研究这5种特质。

本书适用于具有社会意识和公民意识的领导者，他们正在重新定义他们需要成为什么样的领导者，并渴望获得清晰的信

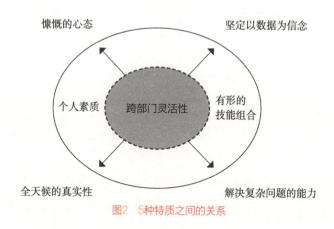

图2 5种特质之间的关系

息、案例和方向。这5个相互关联的特质为你、你的团队和你的组织提供了一份21世纪20年代有效领导力不可或缺的清单。

为什么是这5个特质

2019年，我花了一些时间拼凑了美国经济、社会和健康状况的全貌。很快我就看出，这些明显的差距正在削弱我们的国家，就像我们的桥梁的状况正在恶化一样。这些差距所导致的变化的规模和范围是我们几代人都没有见过的。我将在本书第二部分更详细地介绍。

最终，我了解到那些潜在的经济、健康和社会差距就像一座有结构缺陷的桥梁。它们促成了美国在未来10年所面临的五大挑战，并且现在正在这些挑战的背景下发生作用：

绪论
我们的桥梁

1. 在获取和使用科技方面的巨大差距与日俱增，当今媒体对我们社会不平等现象的关注也是导致不平等现象被放大的主要原因。

2. 我们当前遇到的挑战的广度和深度超过了我们在过去的75年中所面临的挑战，尤其是在当今这个后新冠肺炎疫情的世界。

3. 现实是，人与人之间的联系越来越少，人们越来越孤立，这使我们如今比以往任何时候都更难走到一起。

4. 在广泛的社会、健康和经济指标方面，我们的社会进展缓慢，不确定性越来越大，越来越不平等。

5. 我们的私营机构、公共部门和非营利组织之间的历史常态相互交织，界限变得越来越模糊，这是我们以前从未见过的（而且永远不会再回到以前的运作方式）。

这5个巨大的挑战直接表明，在未来10年里，那些能够改变现状的领导者们将迫切地需要具备这5个重要特质。

表1 未来10年里的重大挑战与重塑者的重要特质

重大挑战	重塑者的重要特质
在获得科技和超媒体服务（放大）渠道上的能力	全天候的真实性
75年来挑战的广度和深度最大	解决复杂问题的能力
比以往任何时候的联系都少、更孤立无援	慷慨的心态

续表

重大挑战	重塑者的重要特质
缓慢的、不确定的、更加不平等的发展	坚定以数据为信念
私营机构、公共部门和非营利组织之间的界限模糊不清	跨部门的灵活性

　　检验我对这5项挑战与特质之间联系的最佳方法就是与几十位领导者进行谈话，例如，针对当今的这些差异，罗珊娜·哈格蒂提出了一些非常有效的解决方案。我在回顾这些巨大的挑战以及在和领导者们谈话时得出的结果使我再一次认识到，这5种特质就是21世纪20年代领导力的关键。

　　本书的主要内容包括那些引领了真正变革的人们的故事，他们都是证实这5个重要特质的典范，他们是负责所有这些变革的领导者。其中许多人不那么有名，并不是人尽皆知的；他们类似于吉姆·柯林斯（Jim Collins）在其著作《从优秀到卓越》中所发掘的第五级领导者①。然而，所有这些重塑者都以自己的方式成为真正的领导者。

---

① 第五级领导者（Level 5 Leaders）是指拥有极度的个人谦逊和强烈的职业意志的领导者。拥有这种看似矛盾的复合特性的领导者往往在一个企业从平凡到伟大的飞跃中起着催化剂似的作用。第五级领导者位于能力层次的顶部。——译者注

展望未来

明确地说，我的观点是具有前瞻性的，而不是回顾性的。我相信重塑者的这5种特质是我们未来发展的关键所在，这是基于客观、广泛的观察和经验而并非基于回顾性科学的。

本书的愿望是看到未来美国社会面临的复杂挑战，以及领导者得以有效应对的独特特质。正如我们不断恶化的桥梁在修复或重建之前需要大量资源、承诺和资金投入一样，美国将需要独特的一代领导者来真正开始修复和重建我们的公民社会。

如何使用这本书

在第一部分，你将了解另外三位像哈格蒂一样的重塑者以及他们的故事和性格特点。我将更多地解释我是如何研究和学习的，以便得出我关于领导力的观点。我们还将一同检验慷慨–复杂性和真实性–数据的双边关系。

美国在过去的70年，尤其是在过去20年的发展历程，是我们在本书第二部分要讨论的背景。从第二次世界大战（以下简称"二战"）结束到千禧年[①]，我们取得了重大进展，尽管有时是不平等的。如果看一下经济、社会或健康进步的衡量标准，

---

① 即2000年。——译者注

总的趋势是"二战"后50年中的大部分时间里都是积极进步的。这就是我们在过去所经历的，但如今我们所处的位置，即我们在2020年所面临的挑战，与我们在20年前，甚至与仅仅10年前所面临的挑战截然不同。

现如今，随着美国变得越来越不平等与孤立无援，我们正处于紧要关头。我们拥有可以加速并加剧这些趋势的"放大器"。归根结底，我们必须问："我们要去哪里？"领导力可以是决定性的，也许还是最具决定性的力量，可以引导美国社会和公司走向更美好的未来。

重塑所需的技能组合、品质和特征与建造所需的技能有所不同，这就是我们将在本书第三部分要深入探讨的内容。总是有新产品需要制造，新的组织需要创建，新的事业需要发展。在未来的10年中，领导者作为重塑者的特质对于美国公民社会而言，甚至将比建设者本身更为重要。我们将深入定义并深入描述领导力的5个重要特质，以重建在21世纪20年代已经变得过于不平等和孤立的美国。你在下文中还会认识另外32位重塑者。

以下是你在思考这5个特质时可以使用的几种方式：

▶作为个人领导者，我需要培养或加强哪些领导力？

▶作为一个团队，我们缺少什么品质和技能或者我们是否需要共同建设？

▶作为一个组织或公司，组织上下存在什么样的领导者和特质？

▶我们如何确保正确的领导力在我们的组织结构中得到纵向和横向的分布？

▶作为一个街区或社区，如果我们要真正地帮助居住在这个社区里的人解决问题，居民和当地领导者是否能有效地结合在一起？

在本书的第四部分，我将通过3个简短的案例研究将这些特质结合在一起：一个回顾性的案例，一个最近的案例，还有一个具有前瞻性、期望的情景。我想介绍一下在现实世界中，这些领导者是如何将他们的重要特质视为一个整体（而不仅仅是独立的各个部分）来实现变革。我将与你一同探讨这期间发生的失败与成功的例子。

在本书的第五部分，我想清楚地表明，我很为美国的现状担忧。因为美国实际上正处于一片黑暗之中，但大多数人乐观地认为我们还置身于光明中。我们如今生活的美国比我们上一代人所能设想的更加不平等、孤立和分裂。现在，我们必须为挽救美国和世界做点什么。这对我们的三大经济类型都有重大影响：私营机构、公共部门和非营利组织。这关系到我们应该对美国的发展前景持乐观还是悲观的态度——因为它不像以前那样明显。最后，你将见到最后一位重建者。

巨大的问题与世代相传的机遇

美国正处于迫在眉睫的转折点。新冠肺炎疫情的暴发非常突然地使我们进入了一个巨大的重置时刻，对于美国和领导层来说都是如此。而发生在乔治·弗洛伊德（George Floyd）身上的那场令人震惊的惨案及其再次引发的社会运动，使这种重置得到了加速和扩大。像所有的变化一样，我们的时代不仅仅是导致出现不确定性的原因，也是新领导者站出来的机会。领导者们不仅为当下，还为21世纪20年代及以后的时代做好了准备。在此之前的20年可能已经是充满变化的时期了，我们仍在努力追赶。

像在2020年发生的这些大规模的动荡，可以成为消除和驱逐旧的思维、工作和存在方式的时机。正如塞思·戈丁（Seth Godin）最近用他那典型的简单而有力的语言所阐述的那样，"过去10年或20年里人们苦苦挣扎的那个工业时代，现在正被一个基于联系和领导力的时代所取代；在这个时代里，会出现改变并且我们有机会做出改变"。这就是重塑者的作用，他们是促进新型联系和领导力产生的强大力量。反之，如果我们不做出改变，这种不平等在未来有可能迅速加剧，美国在经济、政治和健康方面会被越来越孤立。

坦率地说，在未来的岁月里，英雄和反派还是会层出不穷，就像美国历史上其他巨大的转折点一样。从20世纪初的强盗资本家和世界大战期间的战争暴发户，到最新一代的有勇气战斗在"9·11"现场和新冠肺炎疫情一线的英雄们，美国历史上充斥着小人和英雄。在现在这样的时代，领导力是推动公民社会发展的重要动力。那些具有5个重要特质的人们不仅将成为未来的重塑者，还将成为真正的美国英雄。

本书直接阐述了一个强有力的真理：我们每个人都不必被动地让变革发生在我们身上。我们每个人都可以成为推动变革的领导者，创造我们作为重塑者希望在我们的世界中看到的那种变革。我们无法控制我们周围的所有变化，但我们可以成为积极的正面力量，引领社区、企业和人们在未来10年里更好地利用这些变化。

如果能够出现全新的和更好的领导者，那么我们所处的这一时期将不仅是在短期内充满分裂和不平等的，从长期来看，更是朝着更强大、更好的社区和企业的方向迈进的时期。

你在本书中见到的这些重塑者将带给你信念和希望。他们现在正在做的工作是加固和重建整个美国在经济、社会和健康领域的"桥梁"，但是我们需要更多像他们一样的人，比如像你这样的领导者。

我们所处的时代需要变革，这种变革甚至不止于创新。总是会有无数的企业家不断地推动新颖的和前所未有的事物产生。但是在未来的10年，我们将需要更多地依靠重建，从而利用我们已有的资源做更多的事情。我们不仅需要发明，还需要重新发明。而这一切都必须发生在新冠肺炎疫情横行后受到更多资源限制的美国。

未来的10年将是"重塑者的10年"。

第一部分
我们的重塑者们

对处理垃圾感到兴奋的人

菲利佩·莫雷诺

如果我不了解情况的话，我发誓我觉得我正在看美国体育频道ESPN（娱乐与体育电视网）的《体育中心》节目（Sports Center）——一位数据分析师兴奋得不断跳跃和扭转身体的场景。他挥舞着双手，声音充满了活力。他一定是在解说苏·伯德（Sue Bird）投的三分球的轨迹；或者是勒布朗·詹姆斯（LeBron James）凭借着傲人的身高和速度穿越了全场，在比赛结束前的最后几秒不可思议般地阻挡了对方的进球，帮助克利夫兰获得了第一个NBA冠军。但实际上，他的兴奋的点是关于……亚利桑那州凤凰城的垃圾回收管理的结果。

菲利佩·莫雷诺（Felipe Moreno）是凤凰城公共建设工程部门的副主任。更重要的是，他是围绕在他身边的人们（他的员工们，那群管理垃圾和回收卡车的男男女女）的领导者。如果没有对数据的热情和信念，他就不能成为真正的、具有前瞻性意识的领导者。

在过去的5年中，凤凰城的垃圾转化率从2014年的16%跃升至2019年的34%。这是莫雷诺非常喜欢强调的重要数据。为什么呢？因为与许多有强制规定和立法要求进行垃圾转化的城市不同，凤凰城一直有一项自愿的回收和垃圾转化计划。

公共部门实体往往发现很难展现出可量化的影响。对于凤凰城而言，数据已经成为讲述其可持续发展事迹的核心部分——从进程效率到垃圾质量以及回收挑战，从而调整衍生出的有关垃圾转化的解决方案。公民（即选民）常常对当地和州政府的效率低下和官僚主义感到失望（有时他们是正确的）。但是，莫雷诺可以讲述一个有着明确数据的事例。你可以在一个以伟大的商业头脑和思想领袖为特色的播客节目中听到他兴奋地谈论他对垃圾管理的看法！

莫雷诺告诉我，数据不仅是在战术上或者在数字层面上看起来很直观，它有时是具有战略性的。归根结底，它是领导力的核心工具。正是莫雷诺坚定以数据为信念提出的很多切实方法使他成为一位更有效率的领导者。

他没有当过垃圾车司机，因此在这之前他完全没有那种所谓的街头信誉可以帮他塑造领导力。数据是他"在街上"（字面意思）建立自己的领导信誉不可或缺的。

数据对他需要雇用哪些员工的决定提供了指导，包括一些他称之为"混合型的管理人员"。他们必须能够持续有效地让数据在人和数据之间不断地流转。

他的领导策略之一是对自己不知道的事情（因为他没有开过卡车）保持真诚和谦卑的态度，但他能为自己所知道的事情带来增量价值。他对数据的信念与他的真诚之间存在天然的联系。他的领导力公式是：数据+真诚=领导力。

他的背景让人出乎意料，也会让人产生浓厚兴趣。他不是学公共建设工程专业出身的，也不是政策专家或痴迷于统计学的书呆子。从教育和思维方式上看，莫雷诺是一名社会工作者。你会看到许多这些重塑者的特质之一是他们往往不是通过常规的、传统的途径被选拔上来的。事实上，这种不同寻常的途径蕴含着一种真正的力量，它为解决我们未来10年的挑战带来了多样性和新视角。

数据，以及对此抱有信念的领导者们，已经成为非营利组织和公共部门（尤其是）变革的全新平台。私营机构始终坚持一条底线，即以获取净利润为首要目标；其他两种类型的组织则没有那么清晰的目标。但是现在，通过利用数据，他们可以采取重大措施，建立一个更强大、更客观的社区领导平台。

莫雷诺与城市经理埃德·祖尔彻（Ed Zuercher）——他对整个城市都有他自己的数据案例，一起建立了一种数据文化，一种重视数据但不允许数据使工作或人员失去人性的文化，也是一种不认为我们过去一直在做的事情符合正确前进方向的文化。

如今，莫雷诺正在做真正伟大的领导者所做的事情——在整个组织内扩大领导者人才库；其中一个手段是通过为城市固体废物设备操作员（SWEO）创建全美第一个垃圾车司机学徒计划。丽贝卡·埃斯特拉达（Rebecca Estrada）是其中刚刚毕业的7个学徒之一，她说感到自己正在打破障碍。她说："我驾驶大型卡车的同时还能为我们的社区服务，我很享受。我想为其他妇女和我的孩子提供灵感，我们可以做任何我们想做的事情。"

在未来的10年里，我们关于重塑者的子主题之一是，我们需要各个层面的领导者，包括许多意想不到的非传统领域的领导者。如今，凤凰城每天都有越来越多的新领导者在每个街区的街道上行驶，而他们恰好也是垃圾车司机。

从塔桥上看

一座桥梁的运营人坐在吊桥旁边的塔里。在过去的30年里，我的家乡西雅图周围有4座这样的桥。桥梁运营人操作管理着桥梁，以确保桥梁下方水域中的船只和桥上的车辆的通行安全。桥梁运营人仅依靠自身的能力、视角并不可能做到全能全知，但他们确实可以通过一个广角镜（拓宽视角）来观察桥梁周围来来往往的情况。

当我在2019年夏天刚开始写这本书时，我采取了类似的广角视角进行了广泛的调研，不断地寻找在美国所有领域、部门和人口中的经济和社会变革所引发的各种事例和最佳实践案例。当我在研究这些积极的案例时，联想到了我们现如今所面临着巨大挑战的情况，我的注意力开始转移——不仅关注变化的事实本身和他们所运用的策略，而且开始更多地关注这些变化背后的人员和领导者们。

在与那些正在进行真正变革的领导者的交谈中，我发现了一系列可定义的、相似的、清晰可辨的特质在不断地显现出来。我的主要关注点转向了我们的国家需要什么样的领导者和领导力来创造这种积极的变化。简言之，我打算让数据和研究结果，特别是我从几十位领导者那里学到的东西，来告诉我什么才是需要被重点关注的。

我对我想要写的东西有着先入为主的观念。然而随着时间的推移，我才渐渐地发现什么才是我真正应该要写的。

我研究的方式和对象

5年前，我写了《不能不做：改变我们世界的强制性社会驱动力》（*Can't Not Do: The Compelling Social Drive That Changes Our World*），希望能够为那些想要为世界和自己的生活带来巨大改变的公民、慈善家和志愿者们提供一个思路。

这一次我试图把我曾经在私营机构、公共部门和非营利组织工作过的35年里所获得的经验与知识集中在一起，为那些清楚他们需要换一种新型领导方式的领导者们提供思路和指导原则。在过去一年的写作中，我整理出了很多辅助材料，包括表格、Excel图表、维恩图、词云等。

我研究了来自私营机构、公共部门和非营利组织的数十位领导者。我研究了各行各业，以及具有不同背景和价值观的领导者们。我首先从我之前就认识的领导者们做调研，并通过可信赖的朋友们的介绍进行了进一步的扩展，逐渐将更多的领导者列入我的调研名单中。

我竭力保证数据多样性，调研了各行各业的人，以及不同性别、不同种族还有在公司和社区中处于不同岗位的人——就像21世纪20年代的美国绝对需要的领导者集体形象的集合。我关注的领导者需要符合以下条件：不完美，但有想法；有些主观，但行之有据。这些领导者具有以下特点：

> ▶ 他们已经取得了一定程度可量化的成功或成效。有一种客观的、公开的衡量标准可以用来确定他们的工作取得的有效性程度，通常会在他们的事例中注明。

> ▶ 他们中的大多数人在构成美国经济的两个或三个类别的组织内具有丰富的经验。

> ▶ 他们每一个人都清楚地表现出他们具备一种（或两种）符合重塑者条件的特定的特质。

其中有一点很有趣，那就是这些经验教训的来源。很长一段时间以来，非营利组织的领导者应该从私营机构领导者的工作中学习经验教训被认为是一个正确的方向。展望未来，我们即将迈进这样一个世界：在这个世界上，非营利组织（和公共部门）中的领导力经验对私营机构的领导者同样具有指导意义。

我之前说到了这一点：私营机构始终坚持一条底线，即以获取净利润为首要目标。其他两类组织则没有那么清晰的目标。但是现在，私营机构的领导者不能（越来越多地按照他们自己的选择）仅仅将净利润视为成功的唯一指标（请参阅第九章的"利润和目的"部分）。懂得如何去驾驭更多未知性和复杂性目标的领导者将越来越有价值，具备这些能力的领导者散落在我们国家的各个角落里。如果私营机构的招聘人员足够聪明，他们现在应该开始招募更多那样的领导者。非营利组织和公共部门的领导者习惯于应对不受明确底线所限定的复杂情况。

在所有三类组织之间进行穿插学习是前所未有的。长期以来，非营利组织不得不与私营机构合作，以获得其财政和人力资本，而公共部门以其独特的资源规模进行合作。他们已经知道如何成为"桥梁建设者"。现在，私营机构的领导者也需要有同等的跨部门能力。他们不能只是偶尔从营利性的"孤岛"中探出头来进行偶发的互动；他们要不断地在所有三类组织中进行互动。公共部门需要学习如何有效地利用和召集所有三类组织，如果他们想有机会去实现公民的诸多愿望。

当前的领导模式是否已经被打破

重塑者是那些看起来、听起来和行动起来都与我们过去所熟悉的领导者不一样的人。非常真诚、出色的解决复杂问题的特殊能力、广泛的跨部门工作经验等，将很好地定义我们未来需要怎样的领导者。

有些领导才能是永恒的，有些是暂时的。例如，保罗·伍德拉夫（Paul Woodruff）在其撰写的《阿贾克斯困境》（*Ajax Dilemma*）里讲述了可以追溯到古希腊的永恒的领导才能。吉姆·柯林斯（Jim Collins）在《从优秀到卓越》一书中做出了一些最好的、特意的、深入的工作，从而塑造出了第五级领导者的概念。鲍勃·约翰森（Bob Johansen）在《领导力素养》（*Leadership Literacies*）一书中假设了一个不稳定、难以预料、复杂以及似是而非的世界，在那个世界里想要蓬勃发展需要将纪律、实践和正确的世界观相结合。

这并非是否定早期的领导模式，而是仅仅要满足现在与未来的需求。我的建议是：永恒的领导力品质在新时代有不同的体现；在未来10年更需要全新的领导力品质，不同的世界需要具有不同特质的领导者来引领。

活在奥利弗·温德尔·福尔摩斯（Oliver Wendell Holmes）的名言中

丹·卡迪纳利

2020年3月是我们每个人都不会忘记的一个月，那时新冠肺炎疫情暴发并逐渐在全世界蔓延。在那之后的4月发生了一件非常重要和复杂的事件：美国在1纳秒内就分配掉了2.2万亿美元的联邦资金［《冠状病毒援助、救济和经济安全法案》（*CAERs Act*）］以达到财政刺激的目的，对居民及企业进行救助。这真的是非常关键、重大而且复杂的令人难以置信的事情。一定曾有数以万计的企业游说者和特殊利益集团不断地试图引导分配并获得尽可能多的资金。

如果你是负责监管非营利组织（占美国劳动人口的近10%）的少数领导者之一，你会怎么做？与美国公司相比，你用于游说和宣传方面的可投入资源大幅减少了吗？你其实是想在一个巨大的价值2万亿美元的干草堆里大海捞针般地抢占一些资源。该类组织的主要领导者之一正是独立部门[1]（Independent Sector）首席执行官丹·卡迪纳利（Dan Cardinali）。

---

[1] 一家美国的全国性非营利组织。——译者注

我们的重塑者们

卡迪纳利在处理复杂问题方面早已经是世界一流的人才。我在和他做同事的这十多年里清楚地意识到了这一点。我想知道他是如何应对《冠状病毒援助、救济和经济安全法案》这类复杂难题，以及他多年来遇到的数百项其他难题的。我们中的大多数人都知道（而且可能错误地引用过）福尔摩斯的名言："我不会为了复杂的这一边的简单而付出任何代价，但我愿为复杂的另一边的简单而付出我的生命。"①卡迪纳利说，另一边的简单是"他不断运用的一套明确的价值观"：

将人置于一切的中心。

努力使人们蓬勃发展，而不仅仅是生存。

最需要关注那些处于边缘的人们。

我在记录下这些我们的谈话时没有做过多的思考。几天后，当我回去重新阅读我的笔记中所列出的清单时，我被这些简单的价值观中所蕴含的强大力量震撼了好几分钟。对我而

---

① 这是一句伟大的名言，它暗示了一种目标和模式，所有创新者在创造不仅有用而且简单的产品和流程时都应该遵循。当一个特定的想法、过程开始时，它通常只是一个简单的想法。有时，这个想法可能有一些效用，但人们经常会把事情复杂化。我们与别人分享这个想法，他们会给我们一些反馈。通常，反馈的形式是"这很好，但如果……就更好了"。然后就开始了使想法复杂化的循环。我们为了增加这个想法的有用性而增加了额外的复杂性。起初，这些增加的信息确实让人感觉是解决方案，所以它变得有道理。然而，在某个时间点上，你可能会到达一个点，即增加的信息可能是没有用的，只是在这个过程中使其更难以利用。请记住这个模型，并挑战自己或你的团队，在不过度复杂化的情况下提高效用。——译者注

言，我能非常清楚地明白为何像卡迪纳利这样的领导者能够拥有应对复杂问题的超强能力。由于他拥有像北极星一样可以指引他的价值观，使他在遇到复杂的问题时也能找到清晰的前进方向。他拥有着非常清晰的价值观，即使周遭的世界是黑暗而复杂的。

就像很多之前分享过的故事一样，卡迪纳利不止体现了一个重要特质。就他而言，他同样具备着跨部门灵活性（特质5）的能力。从定义上说，独立部门处于多种复杂情况的交汇处以及三类组织的交叉处。

在加入独立部门之前，卡迪纳利曾是全国最大的防辍学组织——学校社区（Communities in Schools，CIS）的主席，该组织在美国的26个州和哥伦比亚特区皆开展服务。CIS为美国超过150万名濒临失学的学生提供了服务。在卡迪纳利的领导下，该组织开发并采用了基于证据的集成式学生服务供给模型。在由CIS管理记录的案例中，有99%的学生得以留在学校，88%的学生学业取得了进步，91%的学生成功毕业或获得了GED（高中同等学历证书）。

在2020年，像卡迪纳利这样的重塑者还阐明了另外两个关于复杂性问题的至关重要的方面：①不处理它的成本；②是否能在领导团队中分配这种能力。谈到那些不能很好地处理复杂问题的领导者，我们都曾遇到过这样的人，他们之所以能有今天的成就，是因为他们坚持使用着一个屡试不爽的游戏规则，而这个规则目前已经变得越来越不适用。但一些领导者选择无视他们周围不断升级的复杂性，在过去的实践基础上，继续在战术上和太过简单的层面上进行决策。他们牺牲了基于未来的、更复杂的条件的战略工作。随着我们遇到的挑战越来越棘手，旧的解决方案已经不再适用了。

卡迪纳利最喜欢的音乐家类型之一是爵士乐钢琴家，这是针对复杂性能力的一种艺术性隐喻。最好的爵士乐钢琴家在技术上都很优秀，而且在创意上很灵活。比方说，我们现在有很多领导者，他们目前在技术上很精通，但应对未来的复杂性时不够灵活。他们仍然在用同样的方式演奏同样的旧曲子。技术上的熟练通常是必要的，但仅仅熟练是不够的。

最后，我和卡迪纳利就一个领导者是否能将其解决复杂问题的能力分享或分配给团队成员交换了意见。事实是，这很难做到。这可能不是一个让人感到政治正确的答案，但事实大概就是如此。一些重塑者能够去学习或与生俱来就具备解决复杂问题的能力，但当他们想要将这种能力传授给别人时，它却不一定能很好地发挥作用。

这种能力不是一个特别常见的特质，所以领导者最好具备这种能力。然而，也要确保团队成员有一系列的观点和其他特质。团队可以共同处理复杂问题，但不要认为这是一种通过相处就轻松转移到其他人身上的特质。

我和卡迪纳利一同参加过很多会议并且和他进行过多次交谈。当他在房间里（或在网络视频会议软件Zoom上）时，他的观点总是清晰又敏锐。他不会说一些废话，总是有增量的价值在输出。他清楚地知道如何在复杂性的另一面上找到并表达出简单的东西。我认识的人里很少有人能够如此地表达。

慷慨–复杂性和真实性–数据的组合

我们已经看到，这5个特质并不是随机的，也不是互不相干的。让我们进一步看看两种特质的组合。慷慨–复杂性和真实性–数据的组合（见图2）在这些领导者身上一次又一次地出现。虽然不是普遍的，但根据经验来看，它们出现的频率要比不出现的频率要高得多。这些相辅相成的强势特质就像桥梁的许多部件一样，能够加强并保持其他部件的平衡。

一旦我们读了足够多的领导者的故事，如罗珊娜·哈格蒂、费利佩·莫雷诺、丹·卡迪纳利和特里什·米林斯（Trish Millines）的故事，就能看到这些配对后形成的特质将开始成为他们的第二天性。也许这些组合可以成为我们个人领导力框架中的另一部分，这些组合及其特点包括：

▶ 拥有慷慨的心态的同时需要能够处理复杂的问题，以便知道可以利用和维护的机会和关系会在哪里出现以及如何处理。

▶ 具备解决复杂问题的能力的同时也需要拥有真诚和慷慨的心态，以便将这种处理复杂问题的理解能力运用到现实的工作中，并为人们服务。

▶ 如果没有全天候真实性作为前提，坚定以数据为信念的领导者有可能被大家认为太不人性化或过于死板。

▶ 全天候真实性的领导者所建立起来的信任关系，最好能与坚定以数据为信念以及能够支撑这一信念的事实情况相匹配。

▶ 此外，跨部门灵活性的能力往往是一个桥梁，它可以将正确的人、想法和解决方案汇集到一起。

当有人终于在你身上看到了它时，在你自己的内心深处找到它

特里什·米林斯现如今是一名作家，曾上过《奥普拉脱口秀》，并被称为科技界有色人种女性的先驱。其中最重要的是（除了她与伴侣养育了四个优秀的孩子外），她与其他合伙人共同创立了技术获取基金会（Technology Access Foundation, TAF）。美国公共教育系统与技术获取基金会合作，为有色人

特里什·米林斯

种的学生和教师创造进入改革性学习系统的机会，以消除不同种族间的差异。她简直是一个国家层面上的领导人，为有色人种的孩子们发声。但对米林斯来说，这并不是很"容易"的。

米林斯读完了大学。她是家族里第一个上大学的人，并在大学期间成为获得蒙莫斯学院（Monmouth College）女子篮球全额奖学金的第一人。当米林斯在20世纪80年代第一次接触软件时，她面对的考验不仅仅是在这个软件的新世界中探索，而且还需要在每天都会遇到的非常严重的性别歧视和种族主义中存活下来。在她职业生涯的早期阶段，用她自己的话说，她只是在"生存"。

米林斯一直在艰难地生存着，直到她在旧金山的财富系统公司（Fortune Systems）遇到一个男人，他是一位给予者，而不是索取者，并让米林斯可以做她自己。这个男人作为灵魂导师为米林斯实现性格真实性创造了有利的条件，使她能够蓬勃发展。

米林斯在20世纪90年代从财富系统公司（她在该公司编写测试导弹系统的软件）跳槽到了微软公司。一路走来，在做了几年的软件测试员之后，她最终成为微软公司的第一位首席多元化官。当时这样的职位还没有如此普遍；而在今天，在越来越多的公司里，这样的职位变得更加具有战略意义（不仅仅是在人力资源部门）。

在接下来的10年里，微软的发展速度非常快，而米林斯注意到高科技行业的文化几乎没有变化。妇女和有色人种的代表人数仍然严重不足。经过仔细地研究，她发现问题的根源在于美国的公立学校缺乏严格的相关技术培训，特别是那些在历史上教育服务严重缺乏的有色人种社区。像罗珊娜·哈格蒂一样，她也不得不面对这样一个事实：现在正在取得的进展还远远不够。

她不得不做出选择，也许她曾梦想要晋升到微软公司的高级管理层；但是，如果她想真正地解决问题、面对现实，而不是只停留在想法上，她就不能留在这里（也可参考迈克尔·麦卡菲的案例）。她做出了一个艰难的抉择，放弃了能够挣大钱的未来。

她于1996年离开微软之后成立了技术获取基金会。在过去的23年里，技术获取基金会已经影响了19 600多名学生，使高中毕业率达到99%，大学录取率达到100%。无论你在哪个领域工作，这都是一个了不起的成就。米林斯是以数据为导向的，就像她是以孩子为导向一样。

米林斯是我所认识的最"所见即所得"的人之一。她是那种具有全天候真实性的领导者，有胆量大声地说出困难的事情，并且房间里的每个人都尊重她所说的话。这种真实性使你有能力在别人无法发声的时候说出自己想说的话，在别人不愿意出头的时候引领团队前进。在现如今这个严重分裂和孤立的美国，像米林斯这样的重塑者拥有着一个通过其真实性而获取的信任库。他们可以利用自己获得的信任使他们的社区变得更加强大。

米林斯成为一名在科技界为了公平公正和有色人种孩子的未来而奋斗的开拓者，但她达成今日的成就实属不易。她的真实性使她经历了考验和抉择。现如今，米林斯本人已经成为许多"寻求真相"的人之一。曾经的被指导者已经成为指导者，而且是一位强大的指导者。她现在愿意并能够说出她应该说的话。不是因为她知道这对她有什么好处，而是因为这些话需要被说出来。

也许和你将在本书中读到的任何一位领导者一样，米林斯拥有重塑者应具备的5个特质的全部。如果问她的话，我相信她会否认这一点，但如果你看看她在工作中展现出来的品质和技能，结合她在所有这三类组织里工作并与之并肩作战的职业经历，你就会明白我的意思了。

第二部分

为什么重塑者对21世纪
20年代很重要

回到我房子后面的桥

有几次，当我从斯奈尔·克劳福德公园的桥下散步回来后，我记得我翻阅了一本关于桥梁的破旧的书。桥梁的结构令人惊叹，简单来说，可以理解为由以下三个基本部分组成（可参考图3）：上层建筑，即高于水面（或高于公路或铁路）的部分，直接承受负荷；下层建筑，即中间连接层，包括桥台和桥墩；地基，包括桥桩和底层以及其他。

地基包括将底层结构与地面相连并将载荷从上面转移到下面的地面上的要素——桥桩和桩帽。就像状况持续恶化的桥梁的那些桥桩和桩帽一样，美国的经济、社会和健康基础也非常需要修复和重建。就像你走路、开车或骑车经过的任何桥梁一样，我们的国家只有在底层基础上坚固，整体才会稳固。

人类总是试图与可能不愿意配合"建立桥梁"的人进行某种合作。有多达几十首歌曲的标题都含有"桥"这个字，最有名的可能是《忧郁河上的金桥》（Bridge Over Trouble Water）。

事实上，在未来10年里，美国公民社会必须重建桥梁。不

图3　桥梁的基本结构

仅是物质层面上的桥梁，我们需要重建各种意识层面上的桥梁，例如：

> ▶ 重建经济桥梁，使更多的美国人能够回到中产阶级状态，并有机会再次实现美国梦。
>
> ▶ 建立技术桥梁，使更多的人能够享受到宽带和增强型（不仅仅是基本的）技术服务，并缩小贫富差距。
>
> ▶ 培育知道如何在私营机构、非营利组织和公共部门之间建立连接桥梁的领导者。
>
> ▶ 在整个美国公民社会需要重建更多的桥梁，从而取得真正的、持续的进展。

当你读到一个个领导者的事迹和他们身上的重要特质时，我希望你也能思考我们所需要的整体性领导力。我们需要很多这样的人，但我们也需要由很多他们这样的人构成的团队和组织。你通常不会在一个人身上找到所有这些特质（偶尔会有），但毫无疑问，我们可以建立一个由这样的领导者领导的组织，使他们能够聚集到一起。

正如你之前读到和将要读到的，这些重塑者中的许多人已经在领导其他人开展着工作，但我们需要在21世纪20年代有意识地将更多像他们一样的人凝聚在一起。就像你不能在没有全部部件的情况下建造一座功能齐全的美丽桥梁一样，如果这些重塑者的所有特质没有被汇集在一起并且这些重塑者没有一起协同工作，我们就不能实现我们所希望看到的变化，就像一座坚固、持久的桥梁的许多部件也需要被组装到一起才能最好地发挥作用一样。

为了了解我们今天所处的位置和导致我们未来处于不利位置的根源，以及我们未来要去往何方，我们需要首先回顾一下我们从哪里来。

第一章
我们从哪里来（1950—2000年）

美国在第二次世界大战后的半个世纪里对桥梁成功地进行了扩建和修缮，那时就建造了美国现有的超过三分之二的桥梁，这在很多方面反映了美国在同一时期的经济、社会和国民健康水平的进步。从1950年到2000年，美国在经历一系列影响我们所有人的考验的过程中取得了发展——儿童死亡率降低，识字率提高，预期寿命延长，公共卫生情况改善，妇女权利和公民权利有所增强，人均国内生产总值增加，等等。美国在20世纪上半叶经历了两次世界大战，随后领导了第二次世界大战后的全球经济复苏，并从中大大受益。

经济情况（1950—2000年）

那时的经济发展并不总是均衡的，但就总体而言，在20世纪下半叶，美国的经济稳步增长（严格来说，是以实际人均国内生产总值作为衡量标准）。在很长一段时间里，这种经济的增长扩大了中产阶级群体，推动了美国的经济发展，并为其带来了相当多的移民。

　　如果我们看一下20世纪50年代、60年代、70年代，以及80年代后的情况，会发现经济的增长以及在收入和拥有的财富方面美国大多数（并非所有）阶层都处于一个相似的水平。当时的美国不仅经济发展，而且发展水平在很大程度上是相互均衡的，这自然是促进中产阶级繁荣发展和打造健康的公民社会的一个良方。如图4所示，从1950年到1980年，每个收入阶层在条形图上显示的结果基本上是均衡的（但在20世纪80年代以后越来越不均衡，为什么会这样我们将在第二章讨论）。

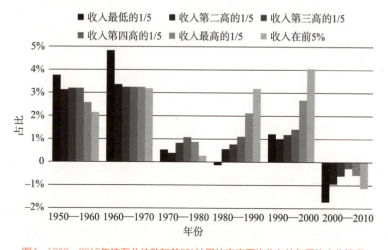

图4　1950—2010年按五分位数和前5%计量的家庭平均收入的年平均变化情况

资料来源：美国人口普查局历史收入表，根据1966—2010年的表F-3，以及1950—1965年的表F-2和F-7得出结果。2012年7月11日，皮尤研究中心（Pew Research Center）。

健康情况（1950—2000年）

　　1950—2000年，人们强烈感觉到美国在健康领域的重大进步，使公民无差别地广泛地受益。也许能反映出健康状况改善的最广泛、最全面的指标是平均预期寿命的延长。在这50年里，美国人的预期寿命从61岁多一点延长到了77岁以上（见图5），远远超过了世界平均水平。

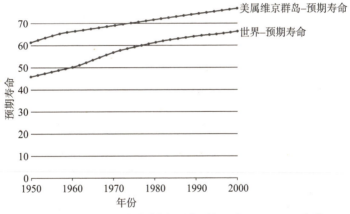

图5　出生所在年预期寿命（包括联合国的预测，1950—2000年）

注：图中显示的是自1950年以来联合国人口司观察到的男女出生时预期寿命和中型变量预测。

资料来源：联合国人口司（2017年修订）。

　　导致美国人普遍健康水平提高的因素有很多，包括以下这些：

▶ 1952年：控制不规则心跳的心脏起搏器被研发出来。

▶ 1955年：乔纳斯·索尔克（Jonas Salk）研发出脊髓灰质炎疫苗。

▶ 1964年：麻疹疫苗被研发出来（几年后，流行性腮腺炎的疫苗问世）。

▶ 1965年：医疗保险和医疗补助被引入美国的医疗保健系统，为老年人和穷人服务。

▶ 1980年：世界卫生组织（WHO）宣布天花已被根除。

▶ 1982年：Jarvik-7人工心脏被植入病人巴尼·克拉克（Barney Clark）体内，使他的寿命延长了112天。

▶ 1983年：科学家们识别出了导致艾滋病的病毒。

▶ 1992年：甲型肝炎疫苗问世。

在20世纪末，人类基因组计划的科学家们向公众发布了人类基因组草图。这是第一次全世界的人们可以阅读完整的人类遗传信息，并发现我们23 000个基因的作用。具备在重大公共健康问题上取得进展或解决问题的相关潜力是如此迫在眉睫。

社会情况（1950—2000年）

社会进步的标志为，一个社会能满足其公民的基本需求，为维持和提高公民和社区的生活质量打下基础，并为所有个人发挥全部潜力创造条件。这是一个我们都能认同的愿景。社会领域的进展并不完全适合用硬数据来反映。与1950—2000年期间美国社会的任何层面一样，社会进步也很难被视为一条快速发展的直线。但在这一期间美国在妇女权利、公民权利、残疾人权利以及同性恋权利等方面都有进步。

就在一百多年前，美国妇女还没有选举权。在1964年的共和党大会上，玛格丽特·切斯·史密斯（Margaret Chase Smith）成为第一位在美国主要政党大会上被提名为总统候选人的女性。在她宣布其决定的新闻发布会上，人们对她获得候选资格频频发出笑声并对此不屑一顾。雪莉·奇肖姆（Shirley Chisholm）在1968年成为第一位当选美国国会议员的黑人女性，同时她也是1972年的总统候选人。杰拉尔丁·费雷罗（Geraldine Ferrero）在1984年被提名为副总统候选人。当然，取得政治候选资格只是衡量社会进步的一种方式，但它具备象征意义，可以被认为是一个社会在妇女权益方面取得进步的一个标志。

1905—1910年，妇女的工作参与率稳步增长（见图6）。几乎在60年前，在职场和家庭中，妇女参加工作仍然是一种新兴的、尚未被社会接受的模式。在随后的30年里，美国在妇女权益方面取得了重大的进步，尽管我们还需要做出更多的努力，这一点毋庸置疑。

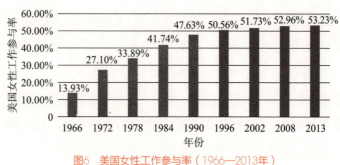

图6　美国女性工作参与率（1966—2013年）

资料来源：美国平等就业机会委员会（2013年）。

不要仅仅只听我（一个男人）的一面之词。

可以说，随着科技革命的发展，人类历史进程中最具颠覆性的巨大变革是，女性终于为自己争得了一席之地……在这个世界上，我们女性再也不会被欺负。

——梅丽尔·斯特里普（Meryl Streep）

随着你地位的提高，当你在公司里接触到越来越多的人并承担管理范围更大的角色时，这种"看起来要像领导者"的想法在你事实上不那么像一名领导者的情况下就会成为越来越大的考验。但是，我不必因为自己是一名黑人女性而去做些什么，也不想去做什么。我享受这种感觉。在一天的工作结束时，我周围的人不得不比我多做出更多的调整。

——乌苏拉·伯恩斯（Ursula Burns）

施乐公司（Xerox）前首席执行官和主席

（第一位领导财富500强公司的黑人女性）

1954年，在具有里程碑意义的"布朗诉教育委员会"案中，美国最高法院宣布由国家支持的公立学校种族隔离制度是违反宪法的。在很多年后，这一判决才得以实施，而且直到今天，它仍然是一项正在进行中的工作。做出这一判决是为我们所有的儿童和青少年创造获得优质教育的平等机会。在20世纪下半叶，这项工作取得了一些实实在在的进展，但还不够充分也不够公平。

美国国家教育进步评估组织（National Assessment of Educational Progress，NAEP）是在全美范围内对学生在各学科领域的知识和学习情况进行评估的最大的代表性组织。在全年龄组中，黑人和白人学生在阅读方面的成绩差距有一定程度的缩小，而差距缩小的进程缓慢而稳定。这种缩小始于20世纪70年代，甚至持续到21世纪的最初几年。在这35年间，各年级的阅读成绩的差距（上下线之间）减少了30%~50%（见图7）。

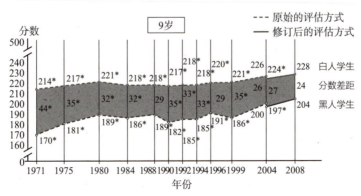

图7 白人学生和黑人学生在阅读方面的成绩差距

1964年《民权法案》和1965年《投票权法案》的通过是美国在有色人种平权方面取得进步的分水岭，特别对于美国黑人来说更是如此。但这一方面的进展是非常不稳定的，20世纪五六十年代的内乱和针对黑人的暴力行为令人震惊，但在这些关键的社会考验上，最广泛的趋势是正向的。正如马丁·路德·金（Martin Luther King Jr.）所说，"人类的道德弧线虽然很长，但是最终是趋向正义的。"

没有数据就没有北部成就区

桑德拉·塞缪尔斯

你可以通过桑德拉·塞缪尔斯（Sondra Samuels）的生活和事业看到这种社会进步。她出生于20世纪60年代，当时女性在劳动力市场上的处境还没有取得很大的改善，而上述里程碑式的立法刚刚通过。在她的成长岁月中，无论是对女性还是对有色人种来说，这种波涛汹涌的、不平衡但又积极向上的发展趋势开始逐渐出现。

她在80年代末获得了MBA学位，并先后在海外和美国国内的公司担任职务——在接下来的七年里她在私营公司工作。即使是那个角色也反映和预示了塞缪尔斯的全部生活轨迹。她在一家多元化咨询公司工作，该公司与当今多元化的全球市场合作，为全体员工创造了一个让他们都能充分发挥其潜力的工作场所，"为所有个人发挥其全部潜力创造条件"。

与她之前的那一代人相比，塞缪尔斯有更多的机会且受到了更好的教育，这有助于她开启自己的事业和生活。在她告别在咨询公司的工作后，像重塑者中的许多人一样，她迎来了做出人生重要选择的时刻。

在过去的11年里，塞缪尔斯一直是明尼阿波利斯北部的北部成就区（Northside Achievement Zone，NAZ）的首席执行官。北部成就区的任务是为了永久地缩小成就差距，也就是说，结束明尼阿波利斯北部的世代性贫穷，在明尼阿波利斯北部建立一种成就文化，使所有低收入的来自有色人种群体的孩子在高中毕业时都能为进入大学和开始职业生涯做好准备。这一项目是与其他30个非营利组织合作完成的，这些非营利组织为整个家庭提供全方位的支持（包括住房、工作、医疗健康、亲子教育，以及儿童早教、课后和暑期项目以及K-12①学校提供的关键支持等）。这个目标不小。

北部成就区仍在经营的部分原因是，在21世纪，美国黑人的经济和社会进步的节奏已经放缓。我们刚才讨论的美国国家教育进步评估组织提供的图表所显示的结果在过去11年间看起

---

① K-12指从幼儿园到12年级（高三），是美国人的一种表达方式。——译者注

来是有所变化的，当时塞缪尔斯领导北部成就区，你将在下一章看到。

"没有数据就没有北部成就区"，塞缪尔斯说，这基本就是事实。那些数据向她的社区和主要利益相关者展示了真正的进展，即使在他们执行任务时遇到了复杂的考验时也是如此。更重要的是，他们使用数据来了解什么是有效的和无效的。他们实时迭代他们的做法，以期在缩小种族间成就差距方面取得更大的进展。

塞缪尔斯是坚定以数据为信念的典范。这不仅是因为她相信数据或对数据投入了相当多的精力。因为她能做到这一点，所以他们的数据成果是非常鼓舞人心的。北部成就区的学生，在3~8年级期间，运算和阅读的能力稳步地提高。北部成就区已经大大地增加了学生接受早期教育的机会。而那些参加了高质量儿童早期教育的北部成就区的学生在3年级的数学和阅读测试中表现得更好。这是相当令人信服的、明确的、由数据驱动的对来自近千个家庭的2000多名儿童的生活进行的改善。

很多人都知道数据的重要性，在过去的5~10年里，在社会部门里有一些区域性和全国性的组织，他们不仅有更好的机会获得数据，而且正在"信奉"数据。他们把数据作为工作和工作方式的核心。要想做到这一点，需要有一个对数据有坚定信念的领导者，并对数据进行持续性投入。

最终，北部成就区（塞缪尔斯和其他玩同样严肃的数据游戏的人们）想要达到的目标是与社区和家长直接分享数据。然后，他们就可以全面地看到这些孩子及其家庭的生活发生了什么变化。塞缪尔斯是那些多才多艺、技术精湛、经验丰富的领导者之一，我们需要这样的人成为21世纪20年代的重塑者。

总结（1950—2000年）

总而言之，在20世纪下半叶，在经济、健康、社会领域中有一股进步的浪潮——尽管并不总是均衡的；但这些进步的成果似乎是不可避免地、积极地为大多数人所共享。但后来事情开始发生变化。真的，它们在20世纪90年代开始改变，但在美国社会中有一种"温水煮青蛙"效应，大多人即将处于险境还浑然不觉，20世纪90年代偶尔出现的令人欣喜的技术进步和经济增长掩盖了美国基础上的经济、社会和健康领域的裂痕。这些裂痕开始出现，并将在千禧年的头20年里扩大并加速恶化。

在20世纪下半叶美国的总体积极发展态势中，有一个非常重要的信息需要被考虑。总体而言，大多数美国人的发展是积极的，但并不是所有的美国人都是这样。例如，我们在妇女权利和种族平等方面的许多进展都是向前走三步，退两步。甚至有时是前进三步，后退五步。我无意在此淡化对

"二战"后的50年里美国所取得的总体上的进步。提出这种观点而不承认远非普遍现象，也许是不正确、不道德的。还有一些领域，如关于环境恶化问题，在1950—2000年期间的大多数情况下，我们都在退步。我是站在拥有特权的白人男性的立场上说这些的。

我们不能忽视这50年来与广泛的社会进步同时发生的不公正现象。我们在2020年可以做的是，以我们在比较平稳且不那么动荡的时代所无法做到的方式重塑未来。在过去的二三十年里我们所经历的动荡中，特别是在新冠肺炎疫情所引发的可怕的悲剧以及全球对乔治·弗洛伊德事件（5·25美国警察暴力执法事件）进行抗议之后，出现了一个机会。它使许多机构和规范产生了重大变化，并有可能动摇美国文化和公民社会中长期存在的、被束缚的部分，这些部分需要在一个更强大和非常不同的基础上重新建立。时间将证明所有这些可能是否能成为现实。许多不被承认的不公平现象需要在聚光灯下被暴露出来。我的观点不是要回到20世纪50年代、60年代或70年代解决问题的方式；事实上，20世纪后半叶的社会中有许多做法是需要被我们抛弃的。

我真诚地希望你在阅读这本书时能记住这段个人说明。我想要为我们的过去、现在和未来描绘一幅现实的、真实的、全面的图画，这幅图画会同时展现美国目前存在的严重缺陷和巨大机遇。

　　我还有一件事要交代一下。对于我书中所描绘的每一个
人，我都把他们作为拥有特质的典范，并确保每个事例都是准
确的，我与每个重塑者都进行了核实。我并没有询问他们是否
同意我在本书所做出的概括性的评估和结论。我完全拥有这些
权利。

第二章
我们如今置身何处（2000—2020年）

20世纪下半叶，美国各地建造了数十万座桥梁，这大大地推动了经济进步。但任何建成的东西都需要维护，有的还需要重建。正如我们之前提到的那样，现在是桥梁使用寿命将尽需要维修与重建的时候了。

在前文中，大家看到了许多我独自在一些时间、一些地方发掘到的趋势和数据点。本章的目的是把我们真正面临的考验共享、累积，以及全面地汇集到一起，包括我们在过去20年里是如何走到这一步的。在我花时间研究所有这些趋势和数据之前，我曾看到很多反映美国公民社会中孤立问题的多种不常见的简况。而看到整个画面会使人头脑清醒，并明确受考验的规模和范围。这种规模和范围已然变得如此重要，我们已经准备好让新的领导者来负责解决整个美国正在发生的所有这些变化。

让我们更深入地看看今天的美国是如何在过去20年里发展停滞甚至退步的。

让我把这个问题说清楚。不需要有多少学问就能知道今天的美国在政治上是多么地支离破碎。政治就像桥梁的上层建筑，它固然很重要，但社会基础（经济、健康、社会）上的差距才是根源所在。这些问题都是发生在美国社会政治出现裂痕之前，而且重塑这些社会根基可能更加困难，代价也会巨大。政治上的撕裂更像是一个社会出现问题时所表现出的异常明显的"症状"，但不是根本的"病因"。

我并不是要忽视美国的政治分歧和领导者对美国的重要性。相反，我建议，我们的政治分歧大多是经济、健康和社会领域不平等的外在表现，而这些不平等才是美国在过去二三十年里成为一个越来越不平等和孤立的国家的根源。

经济情况（2000—2020年）

20世纪至今，1950—2000年大部分的积极经济发展已经急剧放缓，对大多数人来说，甚至已经停止或倒退了。"二战"后，随着经济的蓬勃发展，美国收入不平等的情况有了缓慢、稳定的缓解。正如之前提到的，这导致了越来越多的美国人大规模地成为中产阶级并享受到了繁荣发展带来的益处。

进入2000年后，对许多人来说，经济发展趋于平缓或呈下降趋势，而对越来越少的美国人来说，却出现了一个陡然上升的积极弧线。如今，中产阶级家庭（收入位于中间20%的收入者）的平均收入为49 000美元，其收入来源包括工资、投资所得和退休金。这比2000年少了4000美元（考虑到通货膨胀的影响），而且，其收入中用于退休储蓄的比例越来越大，例如养老金和401k计划（一种由雇员、雇主共同缴费建立起来的完全基金式的养老保险制度）。这些数据可能有点复杂，所以可以花时间重新阅读一下。

这与之前的50年相比是一个巨大的变化，当时中产阶级的收入稳步增长。在21世纪初，中产阶级的实际收入已经开始放缓减少。我们几乎可以说经济的发展是硬生生地停了下来并一直停留在此。

基尼系数作为一个统计指标，旨在代表一个国家居民的收入或财富分配的情况，它最常被用来衡量收入不平等状况。一些收入最不平等的国家包括南非、海地和博茨瓦纳——这个统计结果可能并不会令人感到惊讶。而一些收入最平等的国家（同样不足为奇地）是北欧国家（指挪威和瑞典），以及可能会有一点点令人惊讶的是还有东欧的一些国家。

美国的这一收入不平等指数在20世纪90年代开始上升，而且不平等的程度从那时起就一直在加剧。到了2020年，美国的收入不平等指数与瑞典相差得越来越大，已经更接近于南非的指数，到了一个相当不平等的程度。美国目前的排名正好在圭亚那和秘鲁之间。

问题的关键并不在于一些美国人比其他人赚得更多或拥有更多财富，这在资本主义制度下是可以被预期的。关键在于不平等的程度，以及在过去30年里这种差距的持续性增加。"二战"后的儿十年里，经济不平等的现象一直在减少，但在20世纪90年代初开始转向，并在20世纪中期经济不平等现象再次加剧（见图8）。

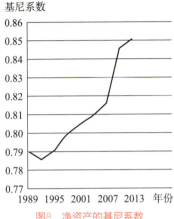

图8 净资产的基尼系数

这种不断扩大的经济差距体现在很多方面，包括代与代之间的差距（见图9）。老一代人拥有的财富份额高于正在创造财富的年轻一代是常态。但是，没有哪一时期的代际差距比我们今天的差距更大的了。与上一代人年轻时相比，如今的年轻一代在财富潜力方面与上一代人之间的差距在不断加大，这并不是一个好兆头。

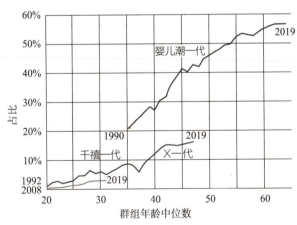

图9 按年龄中位数统计，每一代人拥有的国民财富份额

资料来源：美联储分配账户、图表，改编自格雷·金布罗（Gray Kimbrough）。

　　还有一种差距不仅在不断扩大，而且似乎对整个美国公民社会产生了不断扩大的影响，那就是农村地区与城市地区在经济安全方面的差距愈发明显。正如美国国家公共广播电台（NPR）几年前报道的那样："农村地区的人口仍然没有重新获得他们在2008—2009年间由于经济衰退而失去的工作……农村小镇的边缘地区有关闭的煤矿，农村的主要街道上有停止运营的加油站。通过这些经济数据，我们感受到了美国大部分农村地区民众的愤怒、恐惧和挫折感……"

　　"农村人口的身份认同曾经植根于工作之中……过去，当有人第一次来到这些小镇时，他们知道这里的人们在做什么，而这里的人也为自己所做的这些事情感到自豪。"

　　"这一点现在已经不那么清晰了。当失去曾经代表身份的工作后，你要如何显露出你的群体身份认同?"

　　大家对于这种现象是耳熟能详的，并且相关结论是有真实数据支持的。美国农村的就业增长情况仍然没有恢复到经济大衰退（2008年）前的水平，这本身就是一个令人警醒的统计数字（见图10）。很明显，美国在2020年遭遇的经济危机将进一步加剧这一状况。

　　在过去的二三十年里，在经济层面处于社会两极的人群比例都有显著的增长——极度贫困和超级富裕；而众所周知，中产阶级的比例却在不断地缩小。总之，美国的收入不公等情况已经达到了美国人口普查局自50多年前跟踪以来的最高水平。

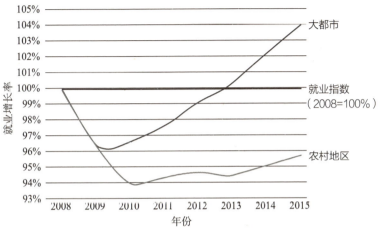

图10　美国的就业增长情况

注：自2008年以来，大都市地区的就业增长率超过了农村地区。
资料来源：新闻网站"对话"（The Conversation）。

当你没有足够的资源时，会发生什么

梦娜·金特里

梦娜·金特里（Dreama Gentry）是重塑者中的一员，她对由于城乡差距所带来的经济和健康方面的考验了如指掌。说实话，我不确定应该把金特里与哪种特质联系起来。

也许这就是为什么在某种程度上她被定位为一位拥有解决复杂问题的能力的重塑者。如果有一个被称为"全能型"的特质，金特里可能也符合这个特质。她是肯塔基州伯利亚学院（Berea College）的教育合作伙伴组织（PFE）的执行董事，该学院位于列克星敦以南，沿I-75公路大约有45分钟的车程。

PFE的使命是确保所有阿巴拉契亚地区的学生取得成功，通常使用4个相互关联的策略——提升教育期望、培养学术技能、在学校与事业间创建连接以及使家庭参与进来。这都是为了改善5万多年轻人及其家庭的状况。只有一个关键数据：在2013年和2016年，他们将伯利亚学院的承诺街区（Promise Neighborhood）中"已准备好进入幼儿园孩子"的比例从16%提高到了36%。

金特里也会出现在接下来有关全天候真实性的章节中。因为在农村地区，当地民众对领导者个人的了解比较深，并且经常生活在当地，这就是事实。领导者必须是"全天候的"，因为他们的工作就是全天候无休的。社区评估你的真实性是基于你对这个地方的承诺有多长期限。如果你和你的团队采取"这只是一份工作，我们只做分内之事"的态度，在这项工作中你的可信度就很低。正如金特里所说，"在农村地区，重要的是建立深刻的、长期的关系"。

金特里也可以成为拥有慷慨心态的典范之一。PFE已经了解到，在像肯塔基州农村这样资源匮乏的地区，如果合作伙伴相互斗争，他们就会全都失去机会。唯一可行的策略是让每个人都能分到一杯羹。虽然在一个资源匮乏的地区拥有慷慨共享的心态并不容易，但PFE能帮助其合作伙伴明白，如果你过于狭隘，只注重眼前的蝇头小利，那么从长远来看肯定会失败。这就是为什么她和她的团队会花时间与当地人合作，帮助他们调整工作，以帮助他们满足其社区孩子们的教育需求。

合作伙伴们的配合也说明了为什么金特里具备跨部门灵活性的特质，因为PFE参与的许多项目都需要进行跨部门工作。她必须与各部门的伙伴合作，因为他们的人手相对较少。为了成功地实现他们的目标，合作伙伴们要了解到他们不能单打独斗。金特里通过制订以结果为导向的计划和营造广泛的社区认同来支持社区的成功。

如果你把所有这些特质放在一起，你看到的是一个比任何人都更具备解决复杂问题能力的领导者。她是与特里什·米林斯最接近的领导者，都是同时具备5个特质的人。她的能力的最大限制是令人着迷和令人沮丧兼而有之。正如她自己所解释的那样，所谓的困难点在于太多的人只考虑到根源而没有考虑到"翅膀"。其实这二者都是人们所需要的；他们需要深深地扎根于一个社区，同时他们也需要"翅膀"来使自己能够翱翔，从不同的角度去看世界。

她喜欢她居住的地方以及与她一起工作的人。她也知道，如果她不跳脱出肯塔基州贝里亚学院的限制来进行思考，她将永远无法帮助所有阿巴拉契亚地区的学生取得成功。明尼阿波利斯的桑德拉·塞缪尔斯也是如此；如果她只想到明尼阿波利斯北部，她的思维就太受限制了。金特里一直在努力让PFE的合作伙伴从区域性、系统性的角度来思考问题，而不仅仅从地方性、单个项目的层面来思考。

请原谅我对农村的刻板印象，但与金特里的谈话让我想起了我在所谓的"大都市"艾奥瓦州得梅因市陪伴我成长的叔叔阿姨们。他们现在分别住在内布拉斯加州的帕利塞兹（他们之前当然是在哈姆雷特长大的）、密歇根州的泽兰岛和马歇尔，以及印第安纳州的安德森。他们只是和很多没有太多大话的那些人一样。

我想不出有什么比肯塔基州伯利亚的金特里及其经历更值得我去学习的人和事迹了。不是因为它是一个小小的可爱的农村，而是因为他们面临的考验有一种与众不同的复杂性，我可以从中学到很多。如果像塞缪尔斯这样的领导者与金特里这样的领导者在一起工作，他们对这个世界的优化范围就会变得更大，解决方案也会变得更容易实现。

健康情况（2000—2020年）

进入21世纪后，美国医疗保健系统令美国普通人的健康状况停滞不前——这已经是最好的结果了。最富有的人有越来越多的机会去获得更好、更先进的医疗护理服务，因为他们支付得起相应的费用。而低收入的美国人，特别是在农村的人，则只能获得低质量的医疗服务。

从2016年到2018年，美国人的预期寿命连续三年（这个数字终于在2019年停止下降并轻微逆转，但也是非常轻微的程度。）下降，这对于上一代人简直是不可想象的。与1950年到2000年相比，从2000年到2020年，美国人的平均预期寿命只增加了4年（是的，生命长度确实有一些上限）。这一期间美国人平均预期寿命每年平均增加0.2年，与50年前每年平均增加0.5年相比少了很多。光从数字上看可能没觉得有什么大不了，但在20年的时间里平均预期寿命如此大幅度减少的情况，自1900年以来就没有发生过（西班牙流感和两次世界大战期间排除在外）。

更为重要的是，就本书而言，健康水平的差异度正在扩大。我自己居住的华盛顿州金县（King County）拥有美国最好的公共卫生系统之一。但是，即使在这里，生活在不同地区的人们的预期寿命差异，也是非常惊人的。如果你从华盛顿州贝尔维尤郊区的梅迪纳出发，驱车9英里[①]穿过520号大桥（或像乌鸦一样飞6英里）到达西雅图市中心，你会看到这里比起你出发的地方平均预期寿命下降了20多岁。

广受尊重的医学杂志《柳叶刀》（Lancet）表示，随着美国经济不平等的加剧，健康水平的差异度也在增加，这是我们面临的经济、健康和社会不平等之间的许多相互作用之一。尽

---

① 1英里≈1.609千米。——译者注

管自2010年以来，由于《可信赖医疗法案》（ACA）的实施，美国医疗保障系统的覆盖面有所扩大，使许多人获得了之前根本无法获得的医疗服务，但低收入的美国人获得的医疗服务仍然比富裕的美国人差得多。如果想一想，你会发现这是一个非常反常的事实。

让我们更进一步地思考经济和健康不平等之间的联系。在过去的20多年里，美国的公司实际上在员工身上花了更多的钱，但这种支出的增加完全被医疗保健的费用所稀释，员工们到手工资的增长速度则陷入了长达一代人的停滞状态。

图11很好地说明了这个问题。在过去的10年里（以及2000—2010年），员工实际收入的增长速度几乎与通货膨胀同步。但是，用于医疗保险和自费份额的金额同时也在急剧上升。从20世纪90年代开始，医疗保健的费用以两倍于通货膨胀率的速度上升。花在员工身上的报酬总额的增长速度可能与20

图11　过去10年，医疗保险和自费份额的增长速度超过了员工工资的增长速度

世纪50—80年代相同。然而，任何高于通货膨胀率的实际工资的潜在增长都被医疗费用所吞噬掉了。

究竟是什么偷走了我们的美国梦？答案不是移民，也不是技术。造成如今局面的主要原因医疗保健费用的增长，由于某些因素，似乎基本上没有被人提及。而所有这些用于员工身上的支出，在改善健康方面几乎没有显示出什么成果。

高昂的医疗保健费用一直是导致小企业破产的首要原因，现在也是致使美国个人破产的首要原因。《美国公共卫生杂志》（*American Journal of Public Health*）2019年的一项研究发现，美国66.5%的个人破产是由于医疗问题，如无法支付高额医疗账单或因生病而失去工作。这可是三分之二美国人破产的原因。实在是需要花点时间把这个统计数据消化一下。

让我们再简单地看一下农村和城市的差距。与美国的整体情况做对比，在美国农村，更容易受到疾病的折磨，人民更穷困，老龄化更严重。这给为其服务的医院带来了严重的财政压力。这与由使用阿片类药物和海洛因而导致的死亡率骤增有部分关系，在21世纪的前15年里，这两种物质的使用增长率都超过了400%。在这些死亡案例中，低收入或农村地区的死亡人数非常惊人（见图12）。这只是21世纪美国健康状况发展不平衡的另一个例子。

经济差距、高昂的医疗保险费用和城乡差距之间存在着重要的联系。日益扩大的经济差距导致人们在获取医疗服务

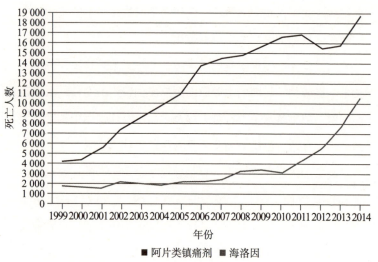

图12　美国由阿片类药物和海洛因导致的死亡人数（1999—2014年）

注：海洛因包括鸦片。

资料来源：1999—2013年统计数据：CDC/NCHS NVSS多种死因档案。2014年统计数据：美国成瘾医学协会（ASAM）。

的数量和质量方面出现了更大的差距，这就造成了日益严重的社会脱节。例如，在2020年4月初接受美国有线电视新闻网（CNN）采访时，比尔·盖茨揭露了美国在新冠肺炎疫情核酸检测方面暴露出的不公平现象。他直言不讳地说："如果你和在实验室工作的医生有关系，你就能排在前面。新冠肺炎疫情核酸检测服务是一种稀缺资源，关系到生命安危和公平分配问题。"医疗保健方面的不平等和差距已经持续增长到几十年来的最高水平。

社会情况（2000—2020年）

社会上出现的一些不平等现象并不能说明整个社会都是不公平的。社会发展中出现一些不平等现象和差距是不可避免的。但是，当这些不平等现象与员工是否努力工作、个人优点大小或企业家是否敢于承担风险的关系越来越小时，世界对更多的人来说是不公平的。这会削弱社会凝聚力，并导致人们对社会制度的信任越来越低，最终将导致彼此之间的信任消失殆尽。

让我们快速重温一下前文对社会进步的定义："一个社会有能力去……创造条件让所有个人充分发挥其潜力。"这些社会条件的转移和所有的个人发挥其潜力的机会的减少，也许比过去20年里收入和健康差距的增加所产生的影响更深刻、更本质。

就像我们看到的经济和健康指标一样，进入20世纪后，它们的增长基本上停止了。让我们看看国家教育进步评价组织（NAEP）关于学生数学和阅读水平的统计数据（见图13）。我们可以看到，在过去的15年里，学生在这两个领域的水平在缓慢但切实地增长着（见1970—2004年的虚线），之后就停止增长，并完全趋于平稳（见2004—2020年的实线）。

在这50年里，前35年学生分数稳步上升，而在后15年分数的上升陷于停滞状态。正如我们之前所说，这15年的"原地踏

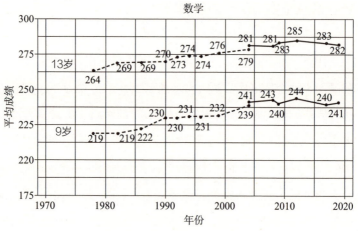

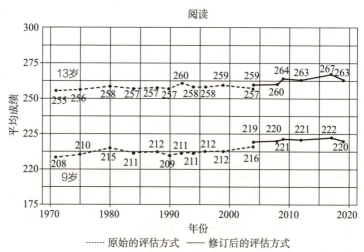

图13　美国国家教育进步评估组织按科目和年龄划分所得出的平均分数趋势

步"发生在新冠肺炎疫情之前；至少在未来几年，我们将看到学生学业水平的进一步下降，这是不可避免的。

鉴丁2020年5月25日在明尼阿波利斯市路边发生的可怕事件可知①，美国社会在过去20年里由于种族不平等问题出现了倒退，这是不言而喻的。它的影响将持续到未来10年。我们在这里谈到的所有趋势，或多或少地创造了导致乔治·弗洛伊德和几十年来无数美国黑人遭遇悲剧的基本条件。

现在，美国社会种族间不平等问题由于全球平权意识的觉醒和大大小小的抗议活动而被暴露在公众的视野中。这是一个百年一遇的机会，需要每一个社区和企业的重塑者来实现这一变化。在美国的黑人与白人的关系上做出真正的、真实的、系统的改变，可能是21世纪最重要的社会发展。

无论你认为导致现在这些问题的根源是20世纪60年代美国采取的自由主义政策，还是20世纪80年代的反政府论调，抑或是2010—2020年期间的政治纷争，人们对于政府的信念和信任已经急剧下降了，特别是在联邦层面。例如，从1973年到今天，人们对小型企业和军队的信任度几乎保持一致，而对国会的信任却从42%下降到11%。在盖洛普咨询公司（全球著名的商业市场研究和咨询服务机构）每年测评的17个机构中，在美国的主要机构（如法院、教堂等）中，没有任何一个机构的民

---

① 指2020年美国黑人乔治·弗洛伊德被白人警察跪杀，引起大规模抗议活动的事件。——译者注

众信任度比国会更低了；甚至没有其他机构的相关数据与其接近的情况。"二战"后人们对于美国根深蒂固的观念在21世纪初再次被动摇，有时甚至连美国的核心都被动摇了。

这一切是如何影响美国人的态度的？只有37%的人认为，现在这个时代的孩子们长大后会比他们的父母过得更好。18~29岁的美国人比50岁以上的美国人更乐观，但将近一半的18~29岁的人认为，下一代的生活会更差。50岁以上的美国人尤其悲观，只有32%的人认为他们的孩子会过得更好，而61%的人认为他们会过得更差。这不是上几代人的成长方式，特别是在20世纪后半叶。

经济、健康和社会不平等情况已经持续发酵到几十年以来的最严重的水平。我们已经看到所有这些不平等是如何交织在一起的，以及它们是如何滋生和更深地嵌入每个人和集体的意识中的。我们必须打破这种恶性循环。而要打断这种恶性循环，需要涌现一批具有一系列重要特质的新型领导者，而这些特质在此之前从未被如此迫切地渴求过。

有时，这只是某人的身份

迈克尔·史密斯（Michael Smith）在生活和事业方面的经历能够折射出我们一直在详述的美国经济、社会和健康领域的背景。他在20世纪80年代和90年代的环境下长大，也许受益

为什么重塑者对 21 世纪 20 年代很重要

迈克尔·史密斯

于我们之前描述的美国在一些教育和社会方面取得的进步，他在20世纪90年代中后期毕业并开始了职业生涯，当时本章之前所讨论的停滞不前的社会状况已经初步显现。我毫不怀疑他将作为重塑者在帮助我们回答"我们将何去何从"这个问题上发挥有意义的、强有力的作用。

史密斯散发着"慷慨的气息"，这体现在他的个性和精神中。自从十多年前我认识他以来，我在他身上感受到并看到了这一点。我知道这种精神植根于他的血液，这得益于他的良好天性和教养。他在一个低收入社区中长大。在这个社区中，他感受到，即使没有人有义务照顾其他人，那里的每个人也都在相互照顾。他在家附近的男孩女孩俱乐部或在北卡罗来纳州的农村与祖父母一起度过了无数个夏天。教会是他的家庭和早期生活的重要组成部分，在那里，每个人都会照顾其他人。他从小就被具有慷慨心态的人所包围着。

我不想把一个明显的个性特征和一个重要的领导特质画等号。那太简单化了，而且往往容易忽略问题的关键。这并不是说领导者要做个友善的人。拥有慷慨的心态是指如何面对考验，如何去试图寻找共同点以及如何成为坚持进行开放性讨论和集中目标的人。

　　因为迈克尔有慷慨之心，所以他的人生信条是"一个人接受别人的给予越多，他被要求的也会越多"。这种精神使他领导了兄弟守护者联盟（My Brother's Keeper Alliance，MBKA），该联盟旨在领导一个跨领域（又是这个词）的全国性呼吁行动，重点是为有色人种的男孩和年轻人建立安全和支持性的社区。

　　他们已经在美国10个州和波多黎各选择了19个组织作为全国性示范样板，以普及基于证据的举措，减少青年暴力行为，发展有效的导师计划，并以可测量的方式去改善有色人种男孩和青年男子的生活。他们的使命非常重要，再怎么强调也不为过，现在的重要性比起之前甚至更加显著。

　　史密斯告诉我，他在MBKA的领导者角色要求他不断地思考人们的出路，思考还有谁需要加入，并始终要不遗余力地工作。在我们谈话的最后，他提出了一个有趣的问题："我经常问自己，友善的人是第一个完成任务的吗？还是最后完成任务的？"他说翻脸是他的天性，但他想知道自己是否需要成为一个更强硬、更难以妥协的领导者，也就是一个硬汉。（我会让他看看全天候真实性的故事来回答这个问题）。

　　我不太清楚做友善的人的情况，但我一次又一次地看到，拥有真正慷慨心态可以改变整个世界。我见过太多拥有数百年集休经验的天才们因为大家都在玩零和游戏而一败涂地。拥有慷慨的心态的价值和原始的积极力量能够产生深远的影响。迈克尔·史密斯不需要成为硬汉。

总结（2000—2020年）

美国的桥梁需要重建，是用原材料建造全新的桥梁更复杂，还是在年久失修的情况下进行重建更复杂？从1697年费城东北部的法兰克福大道桥开始，建立美国的60多万座桥梁系统，是否比重建和修复今天处于不同结构性缺陷状态的47 000~235 000座桥梁的考验更大？我们知道，重建将需要一些不同的东西——不同的心态、不同的技能，以及不同的和持续的意图。

打个比方，重塑者是那些善于把一大堆乐高积木铺满整个桌子的领导者。他们在如何重新安排和分配乐高积木以优化配置的方面是世界级的。在未来的10年里，我们将更多地使用我们目前拥有的乐高积木，而不是使用我们希望拥有的一大堆新的乐高积木。重塑者知道如何重新排列和优化我们目前所拥有的积木，因为他们知道在一段时间内我们不会得到新的积木。

重塑者，就像你正在书中阅读到的那些人，在过去20年里，并没有像所有的创新者那样被升格为时代潮流的引领者。我们未来几年的领导者不能只是建设者，他们必须是重塑者。这就是我们目前这个不平等的、孤立的世界要求我们做的事情。正如过去和将来的情况，当未来的考验令人生畏时，这个时代需要一种新的领导者。

第三章
放大器

　　在绪论中，我们注意到，使大多数桥梁长期屹立不倒的方法之一是精心平衡两种力量，即压缩力和拉伸力。桥梁并不经常发生故障，但当发生故障时，它们总是因为同样的原因而倒塌：有时突然发生了一些事情，使它们无法平衡住这两种力量。

　　对于桥梁的某个部件（可能是像单个铆钉或拉杆这样简单的东西）来说，如果经受的力太大，它就会承受不住。这意味着被加大的负荷突然间不得不由更少的部件来承担。迟早有一天，另一个部件会发生故障，然后是下一个，因此桥梁在多米诺效应中倒塌了。

　　在经济、社会和健康方面的差距变得更加悬殊的同时，我们却拥有了一些极其强大的不平等放大器——科技和媒体，它们正在使这些破坏稳定的趋势加速发展。它们使我们的社会更容易产生负面的多米诺骨牌效应——类似于导致桥梁倒塌的多米诺骨牌效应，而不是让我们的国家像坚固的桥梁一样，各部分紧密地连接在一起。

　　经济、社会和健康方面的不平等在历史的长河中总是发生，但不会像在21世纪，特别是2010年后这样以如此惊人的速度在加剧。美国公民社会的基础——经济、社会、健康，现如今就像美国的许多桥梁一样摇摇欲坠。技术、媒体和现在的新冠肺炎疫情，正在以惊人的速度扩大这些裂缝。在一系列复杂的加速变化发生时，非常需要一批能够为美国未来的经济、社会和健康负责的领导者们出来应对这些挑战。

一号放大器：技术

技术放大了不平等和不公平。《2019年人类发展报告》（ *2019 Human Development Review* ）中的一个思路可以帮助我们理解放大器的影响。该报告从"基本"和"进阶"能力以及生活水平的角度来定义人类的进步。基本能力是指那些与摆脱贫困有关的要素，如死亡率、能否获得满足生活基本需求的必需品等，相当于马斯洛需求层次中的生理需求层次。大多数人都会认同，从1950年到2000年，大多数人在基本的经济、健康和社会生活标准方面都获得了提升。

进阶能力在21世纪的社会中变得更加重要，如高等教育和掌握更先进的技术；那些曾经被认为几乎是奢侈品的东西已经成为在知识经济中得以生存和发展的关键。今天被赋予更多能力的人，明天会更加领先，并造成更大的社会不平等，这就是过去20年我们的发展历程。

在基本层面上，人们获取技术的水平是趋同的，这个层面的技术也更容易获得；但在进阶的层面上，技术的获取是分层的。这里有一个例子可供参考：大多数美国人，在家里或在公共图书馆或在其他地方，可以连接到互联网和获取一些基本的信息技术服务。但是，拥有"全套"进阶技术工具（智能手机、笔记本电脑、宽带和平板电脑）的美国成年人的比例在不同收入水平人群中是有差别的，年收入3万美元的人拥有全套工具的比例为18%，年收入超过10万美元的人的比例为64%。拥有全套工具且有能力、资金使用它们会对一部分人带来机会，但另一些人并不会有这样的好运。

通过进阶技术工具的获取状况——如高速互联网，我们可以看到城乡差距（见图14）。如果我们看一下任何其他的科技工具，也会出现同样的差距，其影响于2020年春秋两季在全美学校中被鲜明地放大了。尽管比例有增长，美国农村仍然在追赶城市的宽带部署情况。

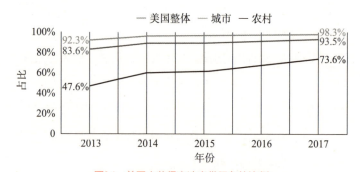

图14　美国人获得高速宽带服务的比例

资料来源：美国联邦通讯委员会《2019年宽带部署报告》。

为什么重塑者对 21 世纪 20 年代很重要

从本质上讲，科技催生出了越来越多的高端技能工作，需要中等技能的工作则越来越少。在20世纪90年代，人们似乎对技术普遍持积极和乐观的态度，但今天我们面临着遗留下来的令人担忧的问题。

▶技术中基本能力和进阶能力之间不断扩大的差距是否会缩小，还是会继续扩大，并突出技术作为不平等的放大器的作用？

▶我们最终会不会因为技术而增强或削弱人类之间的联系？

▶机器学习对人更有帮助还是更有害（机器学习是指计算机系统无须编程就能自动学习的能力）？

▶我们应该如何创造持续安全的在线体验，以确保自己不会被机器人妨害或被黑客攻击？

▶人工智能的创造者和部署者在使用人工智能时会用它为世界做好事还是做坏事（人工智能是指计算机系统执行通常需要人类智慧的任务的能力，如语音识别和决策）？

这些都不是假设性的问题，它们是真实而深刻的问题——关于技术的放大器是否会带领我们进入一个更好的世界的问题。关于这个问题，还无法得出最终的结论。我并不是要把技术描绘成一种邪恶的事物，认为它只会导致恶果，那将是极其荒谬的。技术有巨大的积极意义，并极大提升了生活质量，特别是对于发展中国家。例如，移动技术有助于在没有建立完善的金融基础设施的国家实现金融包容性，而全球市场创造了贸易机会。

如果我们看一下美国社会对新技术和创新产品的采用率，就会发现，很明显，今天的采用速度比20世纪要快得多（见图15）。一般来说，这对公民社会来说是件好事。

我们所面临的考验不是技术是否给世界带来了好处——它确实带来了一些好处。问题是，普通美国人在未来将从技术中获得的价值究竟是越来越趋同还是越来越分化。这是一个重要的问题，对领导者有巨大的影响。这个问题的答案将决定技术

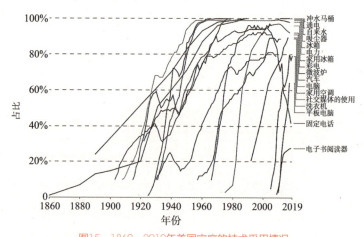

图15　1860—2019年美国家庭的技术采用情况

注：技术采用率以家庭使用某项技术的百分比衡量。
资料来源：用数据看世界（Our World in Data）网站。

是否会重新成为人民福祉的放大器，而不是不平等的放大器，或者导致更糟糕的结果。

二号放大器：媒体

媒体能够加速放大一个社会的孤立和分离状态。无论你在任何政治或经济领域处于什么位置，这都是事实。在不到一代人的时间里，我们（美国人）的主要信息获取渠道从三个提供相当平衡的、有点同质化（无可否认有左翼倾向）的主流新闻网络，变成了一个令人难以置信的、存在巨大观点分歧的、超级定制化的媒体系统。你完全可以自己决定你对所有媒体来源的摄入量，以适应"你的所属群体"。我们都可以（而且许多人也确实如此）基本上生活在一个只接收我们想听到看到的内容泡泡中。

这意味着我们会接受新闻中的"偏见"，并能够完全"屏蔽"新闻的全貌。像"知情的选民"和"负责任的公民"这样的想法可以变得毫无意义，你只在乎你所属的群体。有一天，我和我19岁的孩子开车经过I-90大桥时，我问他正在手机上看什么。他说是Reddit（一个社交新闻站点）。在接下来的几分钟里，我了解到，到目前为止，这就是他了解世界新闻和信息的主要来源。他不是异类，太多人都是这样的。你在具有不同政治倾向的任何一方的数据中，都可以发现一些极端的现象。图16显示了民主党人如何看待各种新闻来源。只需几分钟时间，人们就可以逐一查看这些消息的来源，并消化这些信息。

媒体还起到了放大分配不均和不平等的作用。进一步说，媒体和科技创造了一个强化的循环，一个旋转的循环，并且越转越快。如果你觉得这有点令人不安，那么你跟我的感觉相同。这种态势将很难消解或减缓，也很难让我们回到至少是某种意义上的新闻和信息共享状态。

我们甚至还没有讨论社交媒体。传统媒体所带来的那些影响要是放在社交媒体上，情况要严重10倍，甚至更多。社交媒体从来没有像其他形式的媒体那样被监管或管理。这本身就是一个考验。传统媒体需要把一只手绑在背后去竞争，因为它有一些必须遵守的规则。

在社交媒体上，你会即刻看到带有偏见的、仓促的报道，这些报道大部分都不符合新闻报道的原则（因为社交媒体基本上没有规则）。事态发展得越来越快，很难知道如何破局。这是另一本书的主题，但在这本书中，我们只需要知道社交媒体正在使我们面临的巨大考验变得更具挑战性，而且使差距越来越大。

就像技术一样，我们承认媒体资源的传播是有积极意义的。他们使得社会的透明度更高，人们可以获取的信息量比以前大得多，人们无法隐瞒事实（尽管可以歪曲事实）。像哈

为什么重塑者对 21 世纪 20 年代很重要

以下这些新闻媒体被民主党人信任的程度比不被信任的程度高：

	不被信任（%）	信任（%）	听说过这些媒体的人的比例（%）
美国国家公共电台（NRR）	2	46	59
美国公共电视网（PBS）	4	56	84
英国广播公司（BBC）	5	48	76
美国全国广播公司新闻台（NBC News）	6	61	93
加拿大广播公司新闻台（CBS News）	6	59	91
美国广播公司新闻（ABC News）	7	60	93
《纽约时报》（New York Times）	6	53	84
《时代周刊》（Time）	6	46	84
《华盛顿邮报》（Washington Post）	7	47	80
有线电视新闻网（CNN）	10	67	95
《新闻周刊》（Newsweek）	5	31	74
《政治报》（Politico）	3	21	49
微软全国广播公司（MSNBC）	9	48	86
《华尔街日报》（the Wall Street Journal）	7	38	79
《今日美国》（USA Today）	8	35	85
美国联合电视台（Univision）	3	13	51
《卫报》（The Guardian）	6	17	55
《商业内幕》（Business Insider）	4	11	48
《国会山报》（The Hill）	4	11	34
美国沃克斯新闻（Vox）	6	10	40
《赫夫邮报》（Huff Post）	14	20	66
Vice广播媒体（Vice）	10	12	44

以下这些新闻媒体不被民主党人信任的程度比被信任的程度高：

	不被信任（%）	信任（%）	听说过这些媒体的人的比例（%）
《纽约邮报》（New York Post）	20	13	69
BuzzFeed新闻媒体聚合网站（BuzzFeed）	21	10	68
《华盛顿观察家报》（Washington Examiner）	9	4	33
福克斯新闻（Fox News）	61	23	92
每日传讯网（Daily Caller）	9	< 1	15
布赖巴特新闻网（Breitbart）	36	1	42
利姆鲍尔公司（电台）[Limbaugh (radio)]	43	1	50
汉尼提（电台）[Hannity (radio)]	38	< 1	44

图16 民主党人对新闻媒体信任和不信任的比例

注：图中显示的是民主党人和民主党支持者在政治和选举的新闻方面对每个新闻媒体的信任和不信任的比例。

维·温斯坦（Harvey Weinstein，好莱坞金牌制作人，"潜规则"女明星和公司员工长达30年）和杰弗里·艾泼斯坦（Jeffrey Epstein，美国亿万富豪，侵犯未成年少女以及组织未成年少女从事性交易）这样的施害者其罪行被揭露在公众的视野中。当然，我们力争重新发现一些普遍的事实和真相，而广大的演员们正在与我们对抗。

团结一致有什么用

道格·鲍德温

如果说有人知道如何成为社交媒体的放大器，那么一个人肯定是一位名人，一位著名的运动员。对运动员的采访往往是非常平淡无奇的，而且毫无意义，甚至很老套，基本上与事实恰恰相反。其中偶尔会有运动员被认为是粗鲁的［戴安娜·陶拉西（Diana Taurasi）］、有趣的［查尔斯·巴克利（Charles Barkley）］，或古怪的［菲尔·米克尔森（Phil Mickelson）］，但"真实的和专业的运动员"这类措辞很少会出现在同一句话中。道格·鲍德温（Doug Baldwin）是少有的能体现出"全天候真实性"这种特质的职业运动员。

没有什么比在美国国家职业橄榄球联盟（NFL）比赛中一

边跑着穿越赛道还要一边等待接传球更"具真实性"的事情
了。11个对手时刻准备着在接到传球的一毫秒内对你猛烈攻
击。这就是鲍德温为西雅图海鹰队效力的8个赛季里,每个赛
季都做了数百次的事情。橄榄球与未来领导力之间有什么关
系?在鲍德温的例子中,我看了很多关系。

在我研究和交谈过的所有领导者中,每个人的经历都有些
不同。鲍德温在成长过程中所受到的教养很扎实,但他的家人
很少互相倾诉感情,这听起来和我的成长经历很相似。在五年
的时间里,鲍德温完成了从佛罗里达州南部到斯坦福大学,然
后到美国国家职业橄榄球联盟的重大转变。美国国家职业橄榄
球联盟让他充分暴露在媒体的聚光灯下,这使他看清了一些东
西也经历了一些磨炼。在这个舞台上他能够自己去观察,他开
始了解自己真正的感受,并"看到很多不同的做人方式"。

在鲍德温的案例中,"比赛场地"就是字面意思。我想知
道一个人具有真实性或缺乏真实性,对他在团队中以及在球场
比赛中的表现会产生何种影响。这难道关乎输赢吗?他说,最
终的结果会在比赛中显示出来,就像在公司会议上被展现出来
一样。

在那些真正重要的时刻,像是在第四轮比赛中出现平局后
的最后一次进攻中,如果队友间没有真实性关系,就不会总是
有人为队友付出额外的努力。重要的社区会议也是如此,虽然
没有像比赛一样被计时,却有着同样的紧迫性。基本的原则

是，如果你不真实，你就不能与他人建立真正的、持久的关系。而没有这些关系，你就不可能赢，你会因为没有团队而失败。

我们中很少有人像美国国家职业橄榄球联盟的运动员那样有一个清晰的记分牌。鲍德温的下一个记分牌是在华盛顿州伦顿建立"家庭第一社区服务中心"（Family First Community Center），该中心将为他和理查德·谢尔曼（Richard Sherman）——鲍德温曾经的橄榄球队队友，刚搬到西雅图时落脚的社区数百个家庭和数千名青少年提供服务。

鲍德温希望人们看到他是个什么样的人。只要你能真正地理解他，无论你喜欢或不喜欢他，对他来说都没关系。在未来的10年里，我们将需要来自美国社会各界的领导者，他们会来自像是体育界等不同寻常的领域。我指的不仅仅是赛队队长或比赛场上的球队领袖。

在过去的几年里，更多的运动员就体育以外的话题发表意见，无论你是否同意他们的观点，他们的观点和看法都很重要而且都会被听到。他们在2020年春夏期间产生的广泛影响是深远的，不仅是在体育方面，还有投票权、警务体制改革等方面。要让人们听到他们的声音，要让他们成为领导者，就需要他们具有高度的真实可靠性以及高水平的责任感。鲍德温是符合这一标准的人。

我们最近没有听到鲍德温的消息，只是因为他一年前退役了。他一直以来都非常关注如何解决长期以来一直困扰我们国家的问题。在2016年针对基思·拉蒙特·斯科特（Keith Lamont Scott）和特伦斯·克鲁彻（Terrence Crutcher）的死亡事件举办的新闻发布会上，他说："当你看到无数这样的事例一次又一次地发生时……你会提出问题……我们明白，警察这个职业时刻面临着潜在的风险。但是，作为普通的美国公民，我们不应该时刻面临这样的情况。当你与执法人员相遇时，不应该担心存在着潜在的风险……我认为，我们现在正在社会中培养一种质疑这种观点的文化……这是不对的。"鲍德温是一名警察的儿子，不幸的是，他的上述观点是完全正确的。

2020年的终极放大器：新冠肺炎疫情

几乎不用说，新冠肺炎疫情的暴发正在进一步放大这一切。新冠肺炎疫情的暴发有着三重效应：加速了技术和媒体作为放大器的作用；突出了经济、健康和社会差距；其本身就是一种放大不平等的形式。

报道称，"病毒本身不会歧视任何人，但它的传播过程确实反映了受波及的城市中不同种族和不同社会经济阶层之间的差距，以及竭力遏制病毒传播的不同卫生保健系统之间的差距。许多受到病毒严重伤害的人们对这个系统的运转几乎没有控制权和发言权。大规模流行病正在暴露和加深美国社会中的许多重大分歧。"打个比方，美国社会中不同阶层之间存在的差距就像从扩音喇叭里传来的声音，声音在由里往外传到喇叭口的过程中被逐渐放大，而整个喇叭的体积和直径都在不断增加。

　　直接从健康角度来看，贫穷不仅为呼吸道病原体的传播创造了有利条件，而且新冠肺炎疫情的暴发也为贫穷的蔓延创造了"有利"的经济条件。这很可能会成为另一个恶性循环的放大器。在低收入人口中将出现病例激增的状况，而病例激增将使这些人口更深地陷入贫困。而且新冠肺炎疫情肆虐的情况已经持续到了2021年，谁也不知道它在未来会持续多久。

第四章
我们正在走向何方

很明显，在过去的20年里，我们生活在一个越来越不平等和孤立的美国。在资本主义经济中，在某种程度上总是如此，但在2000年以前这种趋势从未发展得如此猛烈和迅速。这不仅是一个政治分歧或者微软全国广播公司（MSNBC）或福克斯新闻为了吸引眼球而捏造的一些谎言。美国公民的某些领域"存在结构性缺陷，需要紧急维修"，就像美国的桥梁一样。美国的这一系列两极分化的状况对未来的领导者来说是至关重要的背景。

为了重塑美国，我们需要利用当今美国社会的优势（而不是70年前甚至20年前的优势），即人员、方法、视角和背景的多样性。这种人员、地点和权力的多样性将催生出更好和更强大的领导者，使重塑成为可能。实现多样性是为了达成一个共同的目的，而不仅是为了多样性而多样性。多样性被赋予了实现共同目标和共同利益的功能。

明确地说，下面这些话清晰地表达了我的政治观点：我们要走向一个全新的未来，而不是通过任何像让美国再次伟大一类的推论回到某些"光辉的过去"。我们需要重塑美国，但不是回到当初让我们陷入如今的困境的许多系统性陷阱之中。第二章指出了我们因没有对美国日益不平等的现象给予足够重视而付出的诸多代价。

显然，我们的领导层还没有跟上这其中的多数变化。过去10~20年的变化速度令人眼花缭乱，而负责应对这些变化的工作人员却越来越糊涂。现在要解决的问题要复杂得多，而且需要领导者具备能够适应时代潮流的新型、综合的技能组合和素质。我们将在意想不到的地方找到我们未来的领导者，除了美国企业之外，还有邻里、社区组织、运动队等。一些独立的领导者比其他人更有准备。你正在阅读关于他们的事迹。但是，领导力作为我们公民社会的一项基本资产——在我们的私营机构、公共部门和社会组织中，还没有充分地适应当今世界的发展。

跨部门灵活性的硕士课程

大卫·里舍

本书以美国为中心。大卫·里舍（David Risher）是美国人，但他主要面向的领域是国际领域。我之所以破例将他写进本书，是因为他是我所认识的人中最具有跨部门灵活性特质的一位领导者。

在整个20世纪里，美国全民的识

字率从90%增长到了99%以上。而全球识字率从20%增长到了85%，这意味着大约还有10亿人仍然是文盲。里舍正在努力解决全球剩下的15%的人仍然是文盲的问题。他是一个典型的领导者，具备原生的、卓越的跨行业灵活性的特质。

他在高科技领域工作了20多年，在一次和家人一起度假期间，有一个念头闪电般闪过他的大脑，他突然决定创建一个非营利组织——"世界读书者组织"（World reader）。在多年的非洲扫盲工作中，他获得了一个来之不易而重要的经验：没有政府和公共部门的支持，他无法解决系统性问题。在这之前，他经营过的非营利组织使他学会了如何利用私营机构的力量。最终，随着里舍在所有三类组织的工作经验不断增加，世界读书者组织才发展成为今天的样子：自2010年以来，他们在7个国家，500多所学校，拥有了5 735 473名新读者（数据截至2020年10月20日）。这种能够贯通所有三类组织的才能是我们的世界在进入21世纪20年代时所强烈需要的新型领导者的标志。

对于里舍给予我们的启示，我们需要从两个方向来看：如何将经营私营机构的经验运用到非营利组织经营中去，以及将经营非营利组织的经验运用到私营机构的经营中去。要成为一名重塑者，需要有一些基本的、重要的经验。我将把它归结为我认为对里舍来说最重要的一课，下面从他职业生涯中的两个方向来说。

让我们从他在微软和亚马逊这些营利性公司工作期间学到的东西聊起，这些东西适用于他在过去10年（以及可能在未来10年）一直在做的非营利组织和公共部门中的工作。在私营机构，你以客户为着眼点，推导他们需要什么产品和服务。在非营利组织和公共部门，情况往往是相反的：有人提出一个想法或计划，他们尝试看看它是否有效，人们可能会因为有一些看似积极的变化而感到兴奋，然后他们以此为基准着手实施计划。也许这在某些情况下是有效的，但往往会被证明是不可持续的。

里舍问自己，文盲需要的词汇是什么，什么产品和服务能最好地满足他们的需求。就像他会弄清楚软件的用户需要什么，并开发相应的产品来满足这些需求。这种以客户为中心的导向对里舍在世界读书者组织的工作至关重要。

世界读书者组织有一个良好的开端，他们筹集了一些资金，并发出了一些声音，被一些很好的媒体宣传了，并发布了很好的产品。但是，他们在几年后并没有取得他们需要的进展。在这一点上，里舍和他的团队做了全面的调整，首先关注他们的"客户"，即第三世界国家的文盲，关注他们需要什么。从那时起，他们的成长加快了，影响也扩大了。

现在，让我们从另一个角度聊聊。里舍在世界读书者组织学到了什么，他会把它带回私营机构吗？对一个企业家来说，这可能看起来没什么特别的。当他在微软和亚马逊工作时，他不得不考虑产品战略和竞争以及推动收入的方法等。这些都是整个核心商业模式的组成部分，而在加入世界读书者组织之前，里舍没有考虑过这些。这里有一个商业模式的有效定义：为实现企业成功运作，以及确定收入来源、客户基础、产品和融资细节而设计出的运营模式。一个核心商业模式——尽管在不断发展并不断对市场和客户的需求做出反应，但在他进入微软和亚马逊工作时就已经形成。

所有这些听起来有点枯燥，但其核心是通过真正掌握整个企业的商业模式来实现成功。当里舍告诉我这些时，他很快让我想起了我在社会风险投资合作公司（Social Venture Partners）工作时合作过的许多私营机构的志愿者。他们中的很多人都谈到，他们在一个小规模的、草根的、按月拿工资的非营利组织中工作的几个月里所学到的东西，比他们在大公司的日常工作中学到的要多得多。然而，在大多数情况下——就像里舍有一段时间曾做过的那样，我们假设经验的流动是单向的。他花了几年时间才弄清楚他一直在建立的新的商业模式到底是什么，而这使他所建立的组织的覆盖面和影响力产生了巨大的变化。

这种关于经验单向流动的假设在20年、30年或50年前可能至少是无害的（或傲慢但无害）。但现在，这种错误的假设会造成很大的损害。那些没有吸取这一教训的公司，没有向非营利组织看齐和学习的公司，不仅错过了大机遇，而且会使自己面临一些长期的风险。只有像里舍这样拥有真正的跨部门灵活性的领导者的组织不会错过这些机会，也不会遭受意外风险。

此外，当你像我一样了解了这些重塑者中的一些人后，有时你会想知道更多关于他们的事情，想知道是什么塑造了如今的他们。我总是听到里舍谈起他的母亲，但他对他的父亲谈得不多。有一天我问他为什么，他解释说："我爸爸对自己的要求标准很高，这可能影响到了我。这与他是华盛顿特区律师事务所的少数几个黑人合伙人之一有很大关系。他时刻承担着巨大的压力，他不仅是为自己奋斗，而且是为华盛顿特区的所有美国黑人而奋斗。"仅仅这一点就告诉了我们更多关于里舍的信息，以及为什么他如今是一位伟大的领导者。

他接着说："我们会在电视上看拳击比赛，去首都体育中心看巴尔的摩子弹队（已解散的NBA球队）的比赛，一起读书，特别是在他每年给自己放的一个假期期间中会做这些事。有一年我们在海滩上一起给LSATs[①]考试进行打分（或估分）。看着他拿着笔做星期天的《纽约时报》上的填字游戏——这是我至今都在做的事情，现在每个星期天我都会想到他。"

大卫·里舍是会在周日做《纽约时报》填字游戏的那种人。特里什·米林斯是一个所见即所得的领导者。罗珊娜·哈

---

① LSATs的全称为Law School Admission Test，即法学入学考试，法学入学考试是美国法学院招生委员会负责主办的法学院入学资格考试，该考试主要测试赴美加地区留学生的英语能力。——译者注

格蒂是一位目光坚毅、心胸宽广的领导者。他们三人和费利佩·莫雷诺、道格·鲍德温、桑德拉·塞缪尔斯、德拉·金特里、迈克尔·史密斯、丹·卡迪纳利，以及你将读到的其他29名重塑者一样，都让我看到希望。

他们不仅是希望，还是我们通往未来的桥梁。我们可以重新建立那些组成美国社会根基部分，包括我们的桥梁，以及我们的公民社会。请继续阅读，向他们学习，并从他们为打造更好的美国而进行变革的事迹中得到启发和指导。

第三部分
五大重要特质

　　我在本书中提到的特质，没有一个不是早在之前就已经被定义为领导力特质的。这不是关于重塑者的重点。看一看并思考这五个重要的特质，它们都是一个内部相互关联的整体的一部分，而不仅是彼此独立的。我们将通过讲述这些特质的范例，以及在美国各地的社区和公司中已经就位并负责变革的领导者的事例，来放大这五个相互联系的特质。

　　他们不一定扮演着典型的组织者角色，如首席执行官或执行董事。他们可能在组织的顶端，可能在各部门的中间位置，也可能在社区的街道上。很多地方的很多层级都需要领导者。其中一位典型性人物，理查德·吴（Richard Woo），谈到了"松弛管理的领导者"。这对许多重塑者来说是一个有用的框架。

　　我将通过少数典范人物的经验和卓越表现，逐一审视每一种特质。我将提供每个特质的定义，辨析每个特质的弊端，并获得一些启示。我希望你能继续读下去，不仅是为了获得灵感，而且是为了了解你将如何采取行动。我希望书页的边角和边缘（如果你不使用电子阅读器或有声读物）会有一些地方因为你的经常翻看而磨损和撕裂。

　　在下面的事例中，75%的事例是关于非营利机构或公共部门的领导者的。在38位重塑者中，有10位在私营机构有重要的或主要的或唯一的经验，所以私营机构领导者在其中也占了很大比重。但我们逐渐习惯于将私营机构的领导者称为领导力的典范。将大众关注的焦点引向新型领导力的方法之一是展示那些并不总是出现在经典管理或领导力书籍或案例中的领导者。

> 美国公民社会的根基，就像美国数以万计的桥梁一样，正在恶化。桥梁的地基、下层建筑和上层建筑有许多相连的部分，在制订重建计划之前，需要从整体进行考察。我们需要从整体看待这些领导者，以及5个重要的相互关联的特质，以重塑美国各地的社区和公司。

关于我的一点看法

在过去的35年里，我先在私营机构工作了14年，之后又去非营利组织工作了16年，又在过去的5年时间里从事咨询工作。这段职业旅程使我接触到了所有三类组织，包括在我的咨询工作中多次接触到的有关公共部门的大量任务。这些经历给了我第一手的经验和广阔的视角，让我了解到美国越来越夸张、不平等和孤立的情况，而这正是本书的创作背景。

我不是什么独角兽，但我已经积累了涉及所有三类组织的一系列深度的经验，包括以下这些：

▸ 在两个全球性公司，从事过各不相同的工作，包括在20世纪90年代处于高速增长时期的微软公司工作。我担任过营销、运营和综合管理职务，承担过重大的损益责任。

▸ 我曾是一个失败的初创公司的一员，在那里我们摔了一跤，学到了很多东西，并在我后来的生活中反复应用。

▸ 担任一个全球组织网络的创始主席，该网络由8个国家40多个城市的数千名公民和慈善领袖组成，是世界上同类网络中规模最大的一个。

▸ 担任小企业所有者的导师数年，解决了他们在人员、战略和财务方面所面临的无数考验。

▸ 与非营利组织的领导者一起工作，有时还指导他们领导大大小小的地方、区域和国家级的组织。

▸ 担任一些项目的全职顾问，这些项目旨在为所有三类组织开创国家和地方层面的变革，并希望解决广泛的社会问题，包括贫困、艺术和医疗保健方面的问题。

▸ 建立了一个商业和社会部门领导者的个人网络，这是20多年来我的首要职业资产。

我不是一个特别好的创新者，但我是一个足够好的翻新者。我在组装一个全新的结构方面不是很在行，但我可以完成重新配置和调整现有结构的零件的工作。如果我是一名工程师，我不会设计像中国长沙的幸运结人行大桥这样全新的东西；但我是一个很好的合作者，可以去重建美国各地成千上万的需要紧急维修的桥梁。

第五章
全天候的真实性

正如之前我们所讨论的，人们在技术的使用和获取方面存在着明显的、日益扩大的差异，今天的媒体具有高度的关注和分析功能。而两者都起到了巨大的放大器的作用（巨大挑战），使全天候的真实性的价值和重要性与日俱增。

无论你的政治立场如何，我们都会对一些新闻或某些来源的信息持怀疑态度。唯有真正的真实性才能促进价值增长。这种真实性很难建立，如果你失误了就很容易丢失它，但如果你每天都能表现出这种真实性，那么它在个人和职业的层面上都是无价的。

在这5种特质中，全天候的真实性可能是最难获得和维持的一种。这是一个非常高的标准。这恰恰说明了我们现在所处的是怎样的一个世界。但本书里的这些领导者们从不同的地方获得他们的真实性。他们正以不同的方式生活着，但他们中的每一个人都是具有深度真实性的。我将讲述他们的事迹，不仅是为了学习他们在世界中的表现，也是为了解析他们得以拥有全天候的真实性的一些关键点。

请记住，领导者的全天候的真实性通常与坚定以数据为信念的特质相结合，这维持并加强了真实性所建立的信念感。数据在某种意义上可以帮助人们"达成交易"并加强真实性和可靠性。

> 桥面，是整个桥梁的有形平台。它是人们可以看到并相信他们可以开车通过的，知道它是坚实和持久的。重塑者是我们可以信任的领导者，他们也是坚实和持久的。当我们考虑如何重塑美国时，全天候的真实性是重塑者作为领导者用于展示自己的一个可见的、有形的平台。

如果你认为处理像真实性这样的问题是不值得的，因为还有更要紧的事情，如底线收益、出勤率或标准化考试成绩等，那么你是可悲的，可悲地误解了一切。真实性支撑着一切。

——布雷内·布朗（Brené Brown）

从一个"冉冉升起的新星"到一个"愤怒的黑人"

迈克尔·麦卡菲（Michael McAfee）并不是在加州奥克兰的贫民区长大的，但他的家庭一直以来没有多少东西可以满足他们的需要。虽然在他人生的早期，家里不太富裕，但他的父母——爸爸是司机妈妈是护士助理，总是能确保家庭的安全以及给予家人必需的东西。

麦卡菲通过观察他的父母，在他的人生早期学到了有关领

迈克尔·麦卡菲

导力的知识。他们的工作是以这样或那样的方式去帮助人们。他把他现在的成就归功于父母的示范作用，说他们是他的榜样并且"从未离开我的心中"。在他成长的过程中，他的父母给了他一个机会，让他可以到城外的一所高中上学，让他对世界可以有不同的看法。他从未忘记自己的根，但在一个新的环境中，他开始看到还有其他可能会发生。

通往"全天候真实性"的道路因人而异，麦卡菲也不例外。在他二十多岁的时候，他发现在外面关于财富和权力有着更广阔的世界，这是他需要去了解和学习的，有一天也许会引火烧身，但最终会为自己争得一席之地，以便在国家的财富和权力方面产生影响，促进社会变革。

许多塑造者都要在人生的重要关口进行抉择，但也许没有人像麦卡菲一样在人生中遇到过如此之多的岔路口，遇到过如此好的导师，这些经历是非常宝贵的。他人生路上的第一个岔路口是他在大学三年级的时候遇到的。在中密苏里大学学习时，有一天他刚睡醒就突然得知他的女朋友怀孕了。一个女婴即将出生，他将成为一名父亲。他完全不知所措，对这几乎毁掉自己的生活的变动感到惊慌失措。他恍惚间走到了他的一个导师、同时也是后备军官训练队队长的约翰·加尔萨（John

Garza）的办公室门前。麦卡菲要去寻找他确信会给予他大量理解和支持的人。

他从加尔萨那里得到了一句话："你必须在今天下午3点之前想出办法来。"加尔萨实际上的意思是："你要坦然面对，麦卡菲。"于是，他就这么做了。时至今日，麦卡菲与他的女儿和他女儿的母亲之间都保持密切的联系。

从大学毕业时，麦卡菲是一颗"冉冉升起的新星"。没过几年，他就遇到了一个很好的就业机会。另一位导师看到了他的潜力，他很快就进入了全美最大的社区基金会之一工作。几年后，基金会派他去帮助一个大型的、处于困境之中的青年发展组织扭转当下的糟糕局面。他的职业生涯正处于上升阶段。这正是一个25岁的人喜欢接受的挑战。

在他的职业生涯中，他重新见识到了他小时候就熟悉的不平等现象。时至今日，他从未忘记过自己的根，但现在他是站在一个领导者的位置上看待问题——一个与在奥克兰长大的男孩完全不同的视角与平台。这将他带到了自己人生道路上的第二个岔路口。

随着时间的推移，麦卡菲找到他的老板说："看，这就是我所看到的，这是不对的，需要改变。"这并不是他们想从他们的"新星"那里听到的。正如麦卡菲所说，他本来可以通过保持沉默，说事情会变得更好，从而轻松地保持住当时的地位。他为他所看到的问题和不平等现象发声，并为之推动变革。通过这样做，他从"新星"变成了"愤怒的黑人"，还因此被送进愤怒问题管理进修班。这一经历实际上让他看到了做一个真实的人有时需要付出的代价，全天候的真实性并不是没有代价的。

之后麦卡菲搬到了芝加哥，在美国住房和城市发展部工作了数年。接下来你应该知道之后会发生什么了：第三个岔路口。几年后，他的另一位重要的人生导师就他的职业发展方向问题对他进行了考验。他本可以留在住房和城市发展部的岗位上"安逸地工作"（麦卡菲原话），但他选择继续前进，迎接下一个挑战。做一个真实的人部分体现在不去做那些比较容易做到的事情，不要原地踏步。

麦卡菲于2011年成为"社区前景研究所"的首任所长，如今是"政策链接"组织的首席执行官。全美有50多个社区正在计划或已经实施以结果为中心、以数据为导向的"社区前景研究所"，在全美范围内为20万名儿童提供服务——惠及全美700多所学校。

从麦卡菲的经历中我们可以学到很多东西，也许最重要的一点是"全天候的真实性"的标准很高，为获得这种真实性而面临的考验也是巨大的。像麦卡菲这样的人是如何反复以这些高标准来要求自己的？你不仅要达到这个高标准，而且要作为一个领导者一直保持这个标准。攀登的过程充满风险，同时你还处于一个不容易停留的山峰，有很多人时刻准备把你推下去。我问他如何对自己负责，他的回答既有力又简单：

▸保持真正的真实性是否能给我带来快乐？必须有内在的回报，因为真实性也伴随着真正的风险，有时甚至是高成本的风险。

▸你对谁负责，你最终在为什么工作？不是你认识的人，不是有大钱的人，而是你不认识的、每天在你所服务的社区里生活的公民。

▸享受金钱和权力很重要。始终尝试接受它们带来的好处，但永远不要让它们占有你的全部。

　　我对他的最后一点看法是，他在很大程度上体现了一个具有全天候的真实性的领导者的特质。他和米林斯、鲍德温等人一样，是那种在会议室和在大街上都能自如地保持着同样的真实性的人。他让我想起了苏达·南达戈帕尔（Sudha Nandagopal），你将在后面读到他的事迹。这些重塑者出现的地方和方式都非常地灵活。对于我们现在和未来10年所面临的考验而言，这些都是重要的财富资产。

全天候的真实性的定义

　　关于真实性和透明性的领导品质，已经有很多文章进行论述。"完全透明"出现在词典中已有10年或更久，它被用来描述领导者大幅提高组织流程和数据的开放性的行为。

在词典中，真实性是指一个人值得信任，不虚伪或模仿他人，具有真实的个性、精神或性格。有时，词典上的定义很难对某种具体情况进行描述；但在这里，词典的定义非常地恰当。

真实性介于完全透明和媒体夸大的事实之间。在你被迫展现出真实性和开放性之前，你最好主动做到这一点。在今天这个世界，这一点并不是可有可无的，也不是时移事易的。领导者只需要从这一点出发并将其作为一个基础性原则。而全天候意味着这是一种主动的品质。不仅是回应性的真实，而是靠拢、推动你在真实性方面的舒适区。

就像所有这些属性一样，它需要成为你的第二天性。在我们这个有时很难辨别新闻真实性的世界里，这不能是一个短暂的、临时性的特质；它必须成为未来重塑者DNA中的一部分。

屈服于意图

如果你像我一样在过去的二十多年里与许多有社会意识、公民积极性的公民领袖打交道，有些人会让你想起你很久以前见过的人。在《不能不做》（*Can't Not Do*）一书中，我讲述了一个名叫德怀特·弗林特（Dwight Frindt）的事迹，他是一名社会变革者。他有一句口头禅，"为了值得你奉献全部精力的

黛比·利特尔

事业而鞠躬尽瘁"。这当然可以适用于黛比·利特尔（Debbie Little）牧师和她的街头布道。

利特尔并不是因为对自己的生活不满意而从事牧师职业，而是感觉自己受到了召唤。她没有必要为了表现真实性而在街头布道（她是圣公会的一名受戒牧师）。但是，如果这是你的良知在引导你，那么跟随它召唤肯定会展现出你的真实性。

我并不是建议每个人，甚至是大多数人都必须通过精神信仰来实现全天候的真实性，但对有些人来说确实如此。在快乐地从事了30年的传播和出版工作之后，尽管她害怕失去薪水和地位，但她还是厌倦了原来的生活方式——不断绕过那些对她来说不可能的事情，最终有一天她还是听从了自己内心的召唤。

几年来，她一直在心里渴望"学会做一个仆人，接近那些一无所有的人，从他们身上学习如何爱我的邻居们"。她的决定打开了自己通往神学院和接受圣职的大门。如她所说，"这样可以将教会的礼物——团体精神、祈祷、定期去教堂的机会，送给那些无法来教堂接受福音的人"。

她是共同大教堂（Ecclesia Ministries）的创始人。这是一个户外集会点，在精神上找不到依靠的人可以在这里得到庇护，居无定所者可以在这里遮风避雨；大家通过在自己社区和波士顿公共绿地的礼拜活动一起分享爱。利特尔的故事给予我们的启发是，跟随你的灵魂，让它最终带你到它真正想去的地方，为了值得奉献全部精力的事业鞠躬尽瘁。

我认为利特尔给我们中的一些人（并非所有人）的启发是，去倾听内心的声音，至少有一天要走在不那么寻常的路上；它可能不会带领你到达你所期望的地方，但探索这一旅程的意愿使你更接近你自己的真实性。

她说的一些话让我想起了肯塔基州贝里亚学院的梦娜·金特里。我问利特尔，住在街上的人怎么知道你是否有诚意。他们告诉她，"我们从未想过你会留在这里，但你还是一次又一次回来了——就像金特里的邻居判断人们的诚意一样，其中一个方法是看他们会在这里停留多长时间。"

那么，在街上是如何展现自己的真实性呢？她说："是他们教会我的，我总是说，'谈谈关于你自己的事吧，告诉我你对宗教的看法吧'。从与他们的交谈中我意识到了究竟是我身上的什么东西令我在精神上感到无家可归，并把我'带回家'。"

我是通过罗珊娜·哈格蒂的介绍才有机会认识了利特尔。这种方法有时会有效。重塑者有时似乎很自然就能吸引到其他重塑者。我很好奇，像利特尔的街头项目如何能成为像哈格蒂这样的领导者的整体战略的一部分。哈格蒂试图致力于推动整个社区和人口层面的转变，而利特尔似乎"只是"在做一个街头项目。

根据哈格蒂的说法，"利特尔以她处变不惊的方式改变了宗教团体对无家可归者的态度，使其变得更像是一种基于关系的解决方法，而不是一种大规模的慈善项目。这是一个基于一些共同原则而构成的关系网。我们一直在寻找那些能够使宏大的变革愿景成为现实的人。我个人对宗教团体尚未开发的潜力非常着迷，我对如何激活这一群体的系统变革性思维和行动也很感兴趣。"

我与重塑者们交谈时经常会发生这样的情况：仅就最后一个想法而言，还有很多东西可以被挖掘。现在，利特尔正在为她认为值得奉献全部精力的事业而奔忙，而哈格蒂和其他人一样能清楚地看到这一点。

在一个放大的世界中的真实性

我花了很多时间来讨论放大器，但我想强调一个关键点。在通信技术迅猛发展的世界里，尤其是在社交媒体上，作为一个凭借全天候的真实性来领导工作的人，其遇到的挑战性呈对数级增长。

《大西洋月刊》在最近的一篇文章中描述了一个有趣的现象："美国的国父们曾努力制定符合人性的制度和程序，以抵制那些曾使许多其他自治的尝试功亏一篑的力量……但是，如果在21世纪初的某一天，出现了一种技术，在10年内改变了美国社会和政治生活的基石，美国的民主制度会发生什么？如果这项技术大大增加了人们相互之间的敌意，加快了愤怒蔓延的速度，会产生什么后果？"

乔治城大学管理学系副教授克里斯蒂娜·波拉斯（Christine Porath）的研究表明："我们内心的想法并不像我们外在的语言那样具有强大的力量。当我们把自己的想法大声说出来时，它所表达出的力量是我们思考时的10倍。而消极的事物所产生的力量是积极的事物所产生的力量的4~7倍。因此，如果我大声说出来的话是负面的，它对我的影响力将放大40~70倍。"这个数字非常地惊人。

如果将《大西洋月刊》的这篇文章与波拉斯的研究结合起来，我们会发现即使波拉斯的研究数据夸张了10倍，社交媒体所传播的负面情绪也是非常强大的。这就是目前的背景情况和可预见的持续性恶斗。一个拥有全天候的真实性的领导者不能只依赖于正面信息。猖獗的、自我强化的负面情绪使人们在2020年建立真正的、深刻的真实性比2010年时要困难得多。

一个不同的视角

与我交谈的很多具有全天候的真实性领导者都是以实际的生活经验为出发点的，比如麦卡菲。安迪·利普基斯（Andy Lipkis）当然也是如此，但他的真实性更多体现在精神层面和

安迪·利普基斯

因果报应层面，就像利特尔一样。他也许是我见过的最真实的人。他的内心是朴实无华的，而且是绝对真诚的。

这些重塑者中的许多领导者在他们的人生旅途中都有重要的转折点。对利普基斯来说，第一个转折点是他在年轻时做过的一件非常鼓舞人心的事——带头为1984年洛杉矶奥运会种植了一百万棵树。他上了强尼·卡森（Johnny Carson）的节目，登上新闻头条，并完成了种植一百万棵树的目标。但那之后他目睹了许多树木的死亡，他从中学到了一些关于管理和可持续发展的巨大教训，这将伴随他的余生。他后来创建了一个致力于保护环境的非营利组织，之前的一些惨痛教训为他经营该组织提供了一些经验。

他的另一个转折点出现在20世纪90年代，当时他主要负责洛杉矶三个主要基础设施部门的协调工作：供水、污水治理和防洪。这三个部门分别做着各自的工作，负责维护洛杉矶最宝贵的自然资产——水。利普基斯开始从他的全天候真实性的角度看到一些这三部门自身无法看到的东西。最终，他让这些部门的人坐在一起，认识到一个部门每天从洛杉矶送出的水量与另一个部门为满足城市需求而短缺的水量差不多。

利普基斯采用了一种用于综合流域管理的方法——将森林的"自然基础设施服务"用于服务城市。其结果是：实现了可持续的水源供应，达到了防洪和污染预防的目的。要想让三个相互之间存在冲突的部门这样坐到谈判桌前，唯一的办法就是毫无保留地展现自己的真诚。他改变了局面，并为所有这些当事方建立信任创造了一个可靠的、能够平息争端的渠道。

利普基斯在15岁时就开始植树，来恢复被雾霾和火灾破坏的地区。他创立了"树人"组织（Tree People），成为公民林业运动和可持续城市生态系统的国际指明灯。你可能认为这一切对利普基斯来说是自然而然发生的。然而，他会告诉你，他不断面临着不保持真实性的诱惑。他必须与内心的纠结做斗争（有时会比较谨慎，偶尔会有些恐惧），以保持自己的真实性。

无论你把因果报应看作真实的（像利普基斯认为的）还是隐喻（像我认为的），它都是一种能够使他集中精力的强大的力量。如果他违反了自己的真实性——撒谎或偷工减料，这将不可避免地对他产生负面影响。对他来说，真实性的生活不是一个固定的等式，而是一个动态的、不断受到考验的等式。它需要强大的反馈回路来保持平衡。这些具有全天候的真实性的领导者，每一个人都有某种内心的指南针，以不同的形式使他们保持精力集中。

用利普基斯的话说，这就是真实性，大师级的真实性："除了人类的反馈之外，让我保持控制的力量完全与我一直说真话有关。因此，我才足以拥有创造日常奇迹的力量，像拥有整个宇宙一样强大的力量。我不想失去这个渠道，而专注于我的真实性是保持流程继续下去最好的，也是唯一的方法。我相信，这需要说出基本的真理，因为这些真理就像自然法则一样。我也意识到我在讲述和改编故事时，关键是不断核实真相、事实，以保持故事的真实性。我们的目的始终是追求真理。当我发现我弄错了的时候，我反而会公开地分享并纠正自己的错误。"

松弛管理的领导者

理查德·吴

本书中的每一位领导者都不仅是重要特质的鲜明典范，他们的故事也为我们带来了一些可以应用于自己生活、工作的经验教训。在理查德·吴（Richard Woo）的案例中，一个重要的经验是他如何在工作中保持清醒的自我意识。对一些领导者来说，这是一份简单而有用的心理状态检查表；对其他人来说，这是一套明确的核心价值观；而对吴来说，这就是正念。也就是说，关注当下的时刻、人或情境，从而获得"我所拥有的最强大的工具就是我自己"的意识，这种方法很有用。

当他在实际处理与领导力有关的考验时，吴有意识地放慢了速度。他试图与就在他面前的事物和人联系起来，并第一个坐下来倾听。这就是他展现其领导力的方式。他相信静止和存在的力量能够为自己和他人的新思维和行为创造机会。他的个人使命是："通过深度倾听、反思和讲故事，去建立完整的、公正的社区"。

20世纪90年代，吴在李维斯公司（Levi Strauss & Co.）的设计和实施该公司的全球采购准则方面发挥了领导作用。吴在李维斯公司时制定了服装业有史以来第一批负责任的生产标准，也是美国私营企业真实的企业社会责任（CSR）倡议的典范。他设计并启动了"变革项目"，这是李维斯公司在美国南部和西南部选定的社区开展的为期10年的反种族主义资助活动。他不止一次地走在时代的前列。他还担任过李维斯公司基金会的执行董事，监督40个国家的全球拨款，专注于经济发展、艾滋病防治和社会正义。吴的正念观很适合在美国企业的发展。

从2000年到2020年，吴担任了华盛顿州罗素家庭基金会的创始首席执行官。在领导这个新成立的基金会时，他与工作人员、家族受托人和社区领袖一起工作，在普吉特海湾的生态恢复和流域保护、基层领导力、影响力投资以及化石燃料产业的撤资和可持续再投资方面提出了一些举措。他于2020年1月离开罗素家族基金会，在其2019年的奖项中，慈善网站Inside Philanthropy将吴评为"我们最怀念的基金会主席"，因为他是"股权和影响力投资等领域的开拓者"。

他的全天候的真实性给社会留下的最长久成果很可能是皮亚乐普流域倡议（PWI），体现了以社区为中心的变革新模式。他们相信每个人都可以为我们的共同家园做出贡献。皮亚乐普流域倡议将通常不在一个领域里的人聚集在一起，平等地解决该地区持续存在的挑战，并帮助人们抓住机遇。到目前为止，它已经在17个城市筹集了6200万美元，有150个来自非营利组织、私营机构和公共部门的合作伙伴。你可能会问：为什么我不把他和具有跨部门灵活性的重塑者放在一起？

吴向我介绍他主张的另一个迷人的概念是"松弛管理的领导者"。这当然适用于跨部门的重塑者，根据定义，他们必须跨部门工作。但是，这也扩大了领导力的含义。他认为，我们需要激活社会各个层面的领导者，他们不受传统结构或思维方式的约束。我们对领导力的大部分心理默认模式是，某人作为首席执行官或执行董事等领导某个特定组织。正如黛比·利特尔、赫伯·维戈（Herb Virgo）等人已经证明的那样，这种简单化的、被框住的世界已经越来越不重要了。

未来所面临的巨大考验的规模、范围和复杂性将要求我们重新定义领导者的特质和他们在世界上的表现。理查德·吴是2020年的领导者们可以寻求指导的人。

全天候的真实性在先天形成与后期培养中所处位置

很多领导力书籍中出现的一个问题是，有多少特质是可以被教授和培养的，而有多少特质是与生俱来的。一般来说，我们现在都同意，领导力是可以被教授的，它可以被学习。但是，在领导力这个"大容器"中，有些特质或多或少是可以被培养出来的，有些则或多或少是天生的。让我们想象这样一个连续体，它的一端是后期培养的特质，另一端是与生俱来的特质。全天候的真实性是处于中间位置的特质，也就是说，它是天分和后期培养的最佳结合——两者都是被大量需要的。

如果我们把这个连续体应用于其他重要的特质，就会发现最容易被后期培养出来的特质是跨部门的灵活性。专业人员可以自主决定在所有三类组织中担任有意义的角色，而不是边缘的角色，无论是在他们的职业生涯早期还是在他们的全部职业生涯中。也许有一些与生俱来的心态与坚定以数据为信念的特质有关，但其中大部分也是可以后期培养的。此外，我认为解决复杂问题的能力在很大程度上是与生俱来的（如丹·卡迪纳利）。拥有包容的心态主要是天性使然，但就像全天候的真实性一样，它通常也需要一些后期的培养才能得到充分发展。

竞争优势

阿利沙·瓦拉瓦尼斯

阿利沙·瓦拉瓦尼斯（Alisha Valavanis）迟迟才接通美国国家女子篮球联盟（WNBA）专员打来的电话。就像2020年春天的所有体育项目一样，她正试图弄清楚如何再开始一个赛季。如果我说电话那头的人是格雷格·波波维奇（Gregg Popovich），圣安东尼奥马刺队的总经理兼教练，你可能会知道她当时是多么激动（如果你对NBA有兴趣）。当然，如果你是WNBA球迷，你也会知道她。我当时正在等待电话的接听，她突然就接了起来，说："我一直很期待这个，别急，我很喜欢谈论团队。"在那一刻，我在想，电话那头的人要么是笑里藏刀，要么就是如假包换的真诚和真实。

瓦拉瓦尼斯是西雅图风暴队（西雅图WNBA代表队）的总经理和首席执行官。他们坐拥四次WNBA世界冠军的殊荣，最近的一次是在2020年的秋天，在奥兰多泡沫体育馆。风暴队加油！瓦拉瓦尼斯是一个领导力迷，她对于领导力的追求永远无法停止。她不断地和她的团队谈论具备真实性这种特质对于塑造一个高绩效的团队是多么关键。她认为"最大的竞争优势就是做自己"。

考虑到她的工作性质，瓦拉瓦尼斯必须从一开始就从团队的角度考虑真实性问题——团队就是她的"产品"。在这种情况下，她认为"展现真实性是你成功领导团队的唯一方法"。这就是每个队友能够自力更生并成为领导者的方式。这一点很重要。

她认为，更重要的是个人的真实性如何激发团队发挥最佳实力。除非每个人都完全展现自己的真实性，否则你将无法最大限度地获得多元化思维和团队多样性所带来的众所周知的好处。这适用于体育运动、工作，甚至适用于你的社区。

你在书中读到的这些塑建者都活出了他们的真实性，但瓦拉瓦尼斯对真实性的思考和运用真实性的策略不亚于他们任何一个人。对她来说，当她的球员上场比赛时，真实性的作用并没有结束；在一个非常真实的意义上，他们真实性的作用在比赛时被放大了。

这种场外的真实性如何转化为场内的团队合作？这里有一些道格·鲍德温式的说明。当你创造了真实性，每个人都更愿意信任彼此，同时彼此之间更容易相互影响并分享这些感受。这自然导致人们更愿在赛场上把球传给队友。如果团队中的每个人都更愿意传球，而且知道球之后也会回到他们手中。这听起来让人觉得很暖心，但这真的重要吗？

在过去的5~10年的时间里，篮球运动出现了两个重要的趋势。首先是保持球的持续移动，并保持一定的节奏，这为团队创造了更多的空间和更好的得分机会。这正是瓦拉瓦尼斯的真实性团队文化的优化成果。他们也有数据，以及对它的信念，支持这种球场上的策略。其次，一个球员只能有一个固定位置的死板程度降低了很多。一个球员更有可能打多个位置，或者根本就没有一个特定的、固定的位置。你有一些没有固定位置的队友，这意味着在整个篮球场上到处都有领导者，就像理查德·吴的无组织领导者一样。

关于瓦拉瓦尼斯的故事，最后要交代的一点是，与其他重塑者相似，正是她的成长经历在某种程度上使她走上了今天的道路。她是一个同卵双胞胎，是家里六个孩子中的一个。他们必须像一个团队一样共同生活；每个人的角色都必须是独特的和有价值的。她不是唯一拥有大家庭的人，但这恰恰说明了当我们回顾自己的来历时，我们的人生旅程有时会变得越来越有意义。对瓦拉瓦尼斯来说，团队的观念早已植入她的心里。

真实性的弊端

在这里，缺点的定义为"一个东西中人们不想要的一个方面或形式"。这五个特征中的每一个都有一个缺点，一种代价，一个不受欢迎的方面，这就是它的特点。在某些情况下，如全天候的真实性，其缺点可能有些明显。我认为有两个主要问题需要考虑：个人曝光和职业成本。

个人曝光是这样，把自己放在外面，让全世界都看到。你需要接受这一点，而且并不是所有人都要这样。我认为领导者必须在他们处于职业生涯的某个阶段和位置时能够接受这种风险。迈克尔·麦卡菲完全就是这样。其他人的真实性可能是非常高的，但是他们的真实性是在一个较长的时间框架内出现的。在上述黛比·利特尔的故事中，我不知道她是否表现得不真实，但多年来，她还没有准备好让自己长期扎根在那里。如果她没有做好心理准备就这样做了，那么她可能会彻底崩溃。

而理查德·吴的全天候的真实性使他个人付出的代价是让自己变得脆弱。他是一个无法隐藏自己感情的人；他一生都在深深地关注着自己的状态。当他全身心投入时，他可以付出——一些个人代价，即成为一名极度脆弱的领导者。

潜在的职业成本包括麦卡菲在说真话时自己的事业遇到瓶颈，或者特里什·米林斯不得不跳出原来的职业轨道来实现需要完成的工作目标。不是每个人、每个地方都重视真实性——真正的真实性。你有时会选择"屈服"于你的公司、你的组织、你的社区文化中不太真实的部分。

我们每天都会做出个人和职业方面的选择。我们的真实性的深度和程度是由所有这些个人决定和选择的综合体现。你在不断地增加你的真实性的"余额"，或者进行"提款"（或者破产）。虽然"破产"很容易，但拥有一个完整的"账户"很难，要保持"账户余额完整"则更难。

不是那个骑自行车的人

道格·乌尔曼

这一节的重点不是关于下面照片中的著名人物。在兰斯·阿姆斯特朗（Lance Armstrong）复出时，道格·乌尔曼（Doug Ulman）是生命之光抗癌基金会（Livestrong）的首席执行官。1996年10月2日，25岁的阿姆斯特朗被诊断出患有晚期睾丸癌，而且已经扩散到淋巴、肺、大脑和腹部。医生预测病情不容乐观，但他奇迹般地康复了。阿姆斯特朗的复出及其在七次环法自行车赛中的胜出让人惊叹，也激励了数百万人。这促成了生命之光抗癌基金会的成立，并使黄色腕带在多年里无处不在。走过几次弯路后，阿姆斯特朗聘请的第一位领导生命之光抗癌基金会的外部首席执行官是乌尔曼，乌尔曼自己也得过三次癌症并幸存了下来。

除了在大学期间创建了一个名为501（c）（3）的非营利组织，为遭受癌症病痛的年轻人提供支持之外，乌尔曼没有任何组织领导经验。在大学毕业五年后（即2004年），他成为生命之光抗癌基金会的主席，这是一个全球化的拥有着八位数预算的企业。这是一个令人难以置信的企业成长案例和推动全球性运动的旅程。

然而当我们把时间快进到九年后，一切都改变了。2013年
1月17日，阿姆斯特朗在接受《奥普拉脱口秀》采访时承认，
在他的整个自行车运动生涯中的绝大多数时刻都使用了违禁药
物。兴奋剂帮助他取得了七次胜利。我们大家都知道在随后的
几个月里，阿姆斯特朗的公开发言产生了什么后果。他被公众
疯狂地诋毁。数以百万计的人将他们的希望和恐惧（以及资
源）倾注在这个组织，现在对一些人来说，这个组织就是阿姆
斯特朗背叛的第二手象征，那么这个组织的主席呢？

　　乌尔曼面临着任何一个部门的领导者都不想面对的最极
端、最显著的领导力挑战之一。关于阿姆斯特朗事件的细节和
结果是众所周知的。鲜为人知的是乌尔曼所表现出的令人难以
置信的领导力。他必须发挥广泛的领导特质，同时没有太多的
经验可以借鉴。让他应对挑战的最重要的特质是全天候的真
实性。

　　他每次公开露面都给人一种公开、诚实和透明的印象，这
与多年来阿姆斯特朗的强势表现不同。真实性在很大程度上维
护了人们对生命之光抗癌基金会的信念和品牌，并使该组织始
终保持强大。在当时那种情况下，这是一个了不起的成就。

　　"在危机中，你在工作中能够获取的信息非常地不全面"，
乌尔曼告诉我，"有一段时间，一切都很消极"。那么，你如
何从消极走向现实主义再到鼓舞人心呢？乌尔曼面临的挑战
有：在公司外有数以百万计的生命之光抗癌基金会信徒对其表

现感到困惑（而这还是最好的情形）；而且在公司内部也有大约一百名员工，他们都感到不安。

在那一刻，领导者拥有的主要资本是信任。这种信任首先是通过领导者的真实性建立的。在危机时刻，领导者必须有效地使用这种资本。如果他们在那一刻没有建立起足够的资本，组织及其事业就会在道德上和经济上破产。

乌尔曼不仅筹集了足够的信任资本，他还通过自己一次又一次的良好表现来增加自己的信任资本。在那场危机中，他的真实性的价值甚至变得越来越大。之前在他带领组织度过所有风暴之后，我差点要在他离开时接替他的工作位置，所以我对他有了一些了解。对于许多这样全天候的领导者，他们的真实性在你与他们第一次谈话的10秒钟内就已经表现出来了。乌尔曼也不例外。

关于具备全天候的真实性的未来领导者，我们需要知道的10件事

1. 他们中的许多人在人生旅途中自然地或有意地找到了几位导师。具体来说，不是那种拍拍肩膀以示鼓励的导师，不是那种培养技术能力的导师，也不是那种陪着你喝杯啤酒的导师，而是那种会讲真话、能够创造责任感的导师，他们本身就是真实性的象征。

2. 保持全天候的真实性绝对是有成本的，绝对不是没有代价的。在你的职业生涯中，你将不止一次地付出真实的代价（或者，如果你没有，那么你可能没有达到这一标准）。

3. 寻求数据，或有数据信念的人，一般也具有全天候的真实性。这两种特质相辅相成，使一个人的综合能力实现1+1>2。

4. 这些重塑者有某种有形的、简单有效的价值观清单或指导方针，使他们能够脚踏实地，并时常想起自己的初心，特别是在困难时期。

5. 这些领导者中，有些（不是全部）以某种形式的信仰或精神作为支柱。这一点与前面关于价值观清单和指导方针的观点并存。只是不同的人有不同形式的价值观清单和指导方针。

6. 他们都有强烈的自我意识。但这并不意味着傲慢或自我满足，而是恰恰相反。这确实意味着他们有一个真正的内在追求，不断寻找着更真实的自我。你有时会失误，但当你失误时，你一定会保持自己的诚实和真实性。

7. 对于这种领导，他们在组织中的头衔和他们所处的工作领域往往是无关紧要的，而他们所做的事情的范围通常是模糊的，他们中的有些人甚至是无组织的。

8. 他们的首要资产是信任，如果在危机中没有这种信任资本，领导层就会破产。在危机中花费你的信用资本时要注意，它不是无穷尽的。

9. 大多数领导者并非不在意别人对自己的看法，但他们对被人喜欢的需求很低。他们对自己真正的身份能够被理解的要求特别高。如果他们拥有后者，那么前者的重要性就会相对较低。

10. "所见即所得"可以说是对他们每一个人都适用。

我试图凭借自己的情感和诚信，还有真实性来做音乐。你能感觉到什么是真实的，你也能感觉到什么是不真实的：你知道什么时候有人想做关于俱乐部的唱片，或想做关于女孩的唱片，或想做关于"暴徒"的唱片。而我做的都不是这些。我只依据我的情感做唱片。

——肖恩·科里·卡特（JAY-Z）

第六章
解决复杂性问题的能力

鉴于未来领导者在未来10年需要应对的考验的广度和深度——至少比过去的75年里我们所面临的考验要大，任何严肃的组织都绝对需要具备应对复杂性的能力，特别是在现在这样一个后新冠肺炎疫情时代。拥有这种能力意味着你不仅要能够接受众多的变量，而且要能够解释、处理和理解这些变量，并最终进行有效的沟通。这一特质在很大程度上与如何使用你的大脑的两面性有关。

复杂性会把许多人吓跑。我认为解决复杂问题的能力是五个重要特质中最与生俱来的。我想说的是，你可以通过发展具体的专业技能来加强一个人的能力。有些人的能力会通过经验的逐步积累而提高（这适用于我）。但我不认为你可以把任何人从业余者变成专家，你当然也不可能把任何没有能力的人变成强有力量的人。很少会有这种情况出现，几乎总是有一些能力是先天的、与生俱来的。

解决复杂问题的能力得益于开放的心态和战略思维。也就是说，只有具备慷慨的心态，才能将这种复杂的理解付诸实施。在接下来两章里的十几位领导者中，你会多次看到这种双重性的作用。

> 最复杂的桥梁类型，一般来说，是桁架桥，其承重结构是一系列连接的元件，通常形成三角形的组合件。桁架桥在众多桥梁中具有最大的承重能力。一些重塑者具有这种与生俱来的能力，能够理解和解释他们周围的复杂性，并承担最大的负荷。

任何该死的傻瓜都能制造出复杂的东西；而要制造出简单的东西，则需要一个天才。

——佩特·西格尔（Pete Seeger）

还有什么事情能比在20世纪80年代领导一家科技创业公司更复杂呢

凯西·卡尔文

当凯西·卡尔文（Kathy Calvin）在美国在线信息服务公司（AOL）担任第一任首席通信官，与创始人史蒂夫·凯斯（Steve Case）一起工作时，该公司"只有一个主要的股东"。初创私营企业的投资者并不简单，让他们投资你的企业也并非易事，但他们的要求相当直接——"请直接把收益给我看，而且越多越好"。

　　在美国在线信息服务公司度过漫长而让人印象深刻的职业生涯之后，卡尔文转到了一个有更多"股东"的工作场所——联合国基金会（UNF）。她在美国在线信息服务公司学到的很多东西都适用于联合国基金会。但她无法完全准备好的一件事是，作为联合国基金会首席执行官所从事的工作范围实在太广而且复杂程度实在是太高，可随后她适应得很好且在那里工作了10年。她是第一个公开承认政府可能是三类组织里行动最慢的，而它在最初可能就是被这样设计的。但它也往往能引发巨大的变化。

　　在她的任期内，卡尔文实现了从联合国的工作目标第一个千年发展目标（专注于消除贫困）到更广泛的可持续发展目标（旨在实现繁荣和提供机会）的过渡。这不仅使目标更具可操作性和可衡量性，更重要的是，这使私营机构和非营利组织也可以去按照这样的发展目标来指导工作，而不仅限于政府。

　　这一巨大的转变反映出了她的私营机构工作背景，而这一转变使得跨部门合作更有可能，而且她所具备的跨部门工作能力也更有价值。卡尔文思考了不同形式的资本在这项工作中的价值。"在联合国基金会的工作经历使我明白，我们真正缺少的资本是人力资源，而非财力"，这不是你所期望的非营利组织领导者会说的话，同时卡尔文也不是你所认为的典型的非营利组织的领导者。

　　她的职业生涯跨越了公共部门、私营机构和非营利组织，而且她热衷于倡导解决多部门问题。像很多重塑者一样，她也具有跨部门的灵活性这一特质。当我把我写的关于她的事例的文稿交给她时，她提出了一个有趣的想法："美国在线信息服务公司一直以来都有一定的社会影响力——无论是在政府、消费者中，还是那些我们通过与其建立联系而改善了其生活的人群中。它的影响力只会越来越大，因为美国在线信息服务公司是一个致力于打造自身企业宗旨的早期倡导者。"这些话听起来像是那种无论在哪里都会成为社会变革领导者的人会说的话。

解决复杂性问题的能力的定义

我们在前文中谈到了一些使我们的世界变得更加复杂的因素：

> ▶ 私营机构、公共部门和非营利组织之间的边界正在模糊。
> ▶ 公民之间的不平等和隔阂越来越大。
> ▶ 我们所面临的考验的广度在扩大、深度在加深。

这个特质是指处理所有这些变量乃至更多变量的能力。你不仅能看到、接受和处理它们，而且还能像你将在本节中读到的每一位重塑者一样去解释它们并取得进展吗？

解决复杂性问题的能力是指以一种非线性的、不那么有序的方式思考，亦即知道过去的解决方案对解决未来问题的作用可能越来越小，因此需要重新思考和重建。这是一种能够适应所在环境和不断接受新的信息的能力。具备解决复杂性问题的能力意味着，比起选择题或判断题，你在"考试"中更擅长开放式的论述题。

还有一点，倾听作为领导力的核心资产和属性一直是领导力秘诀中的"特殊调味料"。正如 N2 Growth（美国一家猎头公司）的迈克·迈亚特（Mike Myatt）所定义的那样，主动倾听是一种全身心倾听的行为，不仅为了倾听而倾听或为了回应他人而做好准备，而是聚精会神地倾听并充分理解他人所言。不难理解，积极倾听是具有解决高复杂性问题能力的领导者非常重要的一个特质。

错综复杂⋯⋯真正的复杂性

艾丽卡·维兰特

管理联合国基金会很复杂吗？是的。代表非营利组织去处理涉及两万亿美元的CARES法案的相关事宜很复杂吗？当然。但真正复杂的是带着三个年幼的儿子过着无家可归的生活并且兑现"确保其他父母能够从他们的立场和位置看到并行使他们的权利"

的承诺。这就是艾丽卡·维兰特（Erica Valliant）对复杂性的定义和生活经历的复杂性。这是她的故事的一部分，使她成为今天和未来的真正领导者。

这并不是她唯一一次应对复杂性问题。在没有学士学位的情况下，她通过自学专业知识考取了相关的证书去从事交易股票、债券和证券的工作，但没多久她就被解雇了。她依靠自己度过了短暂的无家可归的日子，并使她的家庭重新站稳脚跟。她的职业生涯极其丰富：政策倡导者、社区活动领导者、家庭系统管理者、组织者、活动家和母亲。

由于她没有首席执行官、执行董事或市长这样的头衔，她的名字通常不会出现在有关领导力的书籍中。然而，她恰恰是那种我们将急需的具备解决复杂性问题能力的未来领导者。回到我们的定义：接受、处理和解释变量并取得进展的能力；以非线性的、不那么有序的方式思考；能够不断适应和接受新的信息。维兰特以一种实质性的方式满足了所有这些标准。

这一点我怎么强调都不为过：我们在未来10年所面临的考验将需要非传统领域的领导者，在社会和公司的各个层面，需要拥有各种各样的经验和技能组合。维兰特的领英（LinkedIn）资料中甚至没有列出她在过去20多年里所担任的角色和工作头衔的一半。

这种经验的广度和深度是如何影响一个人对社区变化的看法的？维兰特说，这让她对人更有耐心，能够了解到一个问题的所有方面的多种观点。除了自己的生活经历之外，她说她一直对人类心理学很着迷。她喜欢用以人为本的眼光看问题，总是想确保自己能看到事情的全貌，并确保对话能够顺利进行。她将其归功于她的叔叔，在她的成长过程中，她的叔叔作为一位数学硕士，会经常和她长谈，话题从物理学到家庭无所不包。

这也许是像维兰特这样的领导者最重要的价值。通常，她是群体里拥有最广泛的生活经验的人——往往是不易获得的经验，而且是超出一般的。当她考虑到真正的变化是如何发生的时候，她认为我们需要更多的人参与进来。她掷地有声地问我："如果在座的人没有这些经历，我们怎么能为需要变革的地方提供帮助？"她发现自己经常扮演着"翻译"的角色，像夏尔巴人一样的向导。这就是具有解决复杂性问题能力的领导者所能做的。

带着三个小男孩过着无家可归的生活是我们大多数人从来没有想过的境遇，更不用说生存和发展了。维兰特是在一个没有窗户，只有木头挡板的房子里长大的；她的母亲在她14岁时被诊断出患有艾滋病，第二年就去世了，去世时只有33岁；她的小弟弟在她7岁时去世，当时他才5个月大；维兰特的父亲在她19岁时死于心脏衰竭，当时他仅仅40岁。维兰特仅仅是活下来，就已经要比很多人付出多得多的努力。在经历了这一切之后，她成为社区领袖——这真的是难以想象。

　　如果你需要在解决无家可归问题上取得真正的进展，那么像维兰特这样的领导者必须在相关会议上出现。如果你需要一个能在社区和政策制定者之间进行沟通的人，那么维兰特是最佳候选人。如果你需要一个了解企业界和基层的人，那么你一定需要维兰特，她是一位独特的重塑者。她现在在生活和事业中所积累的大量经验和知识是一笔巨大的财富。我们需要找到更多像维兰特这样的重塑者，并为他们提供更多的机会。

你最好确保有女性在团队中

　　具体的地点和人物并不重要，但我可以直接告诉你，我经历了太多类似的教训。对于有些事情我已经认识得越来越清楚了，尤其是作为独立顾问的过去五年。这对我来说非常清晰，从经验上看，这就是事实。

　　如果你有复杂的、多变量的、难以定义的、多人遇到的、大的、棘手的问题要解决，你最好确保团队中有足够多的女性。这不是一个关于所有女性和所有男性的普遍说法，但总体而言，这就是事实。我在前面提到过，我是从一个男性的视角探讨关于女性的问题，所以我希望你能明白我的意图是真诚的，即使我的论述并不那么完美。

　　我参加过很多会议和项目，在这些会议和项目中，女性更善于全面思考其中的变量，处理各种问题，并使其具有一定的意义。坦率地说，她们也更善于摆脱困境，并将注意力集中在手头问题的最终、最佳解决方案上。尽管问题越复杂，（女性的）自我就越容易受到影响。

这本来可以成为完整的一章。当我把有关这个观点的初稿给一些好朋友看时，我得到了各种回应（来自两种性别），从"我喜欢你谈论这个问题"到"为什么要专门讨论女性"，从"这不是一些刻板印象吗"到"你只是为了政治正确"。所以，最后我只能想到哪儿写到哪儿了。

明确地说，我曾在许多情况下，因为团队里有某些男人，或者只有男人，或者大部分是男人时，在本来可以成功的情况下，遭遇了失败。从来没有一个放之四海而皆准的说法，但这样的情况发生了太多次，有时实在是非常令人沮丧。我想对我的伙伴们说，现在是时候彻底摆脱男孩俱乐部的老古董思想了；它已经不再那么有效了，甚至可能从来没有有效过。

2020年春天，不止一个头条新闻提到，由女性领导的国家在应对新冠肺炎疫情方面表现得更好。人们的共识是，女性领导者能够更好地在影响力和同情心这两方面实现平衡；但由于社会对两性的刻板印象，这一点说起来容易，做起来难。

纽约大学的社会学教授凯瑟琳·格森（Kathleen Gersen）建议，一个全面发展的领导者应该既有能力又能为他人着想。她说："如果女性能够带头表明，这两种能力之间并不是相互矛盾和冲突的，而实际上是相辅相成的，是培养良好领导力所必需的要素，我认为不仅社会会受益，男性也会受益。也许到那时，我们就可以重新定义领导者所扮演的角色，不管是女性还是男性。"

这种思路使我试图弄清楚是否有一些基于科学的理由来解释这种作用，即女性具有更强大的解决复杂性问题的能力，这可能是真的。特别是在过去的20年里，关于这个问题的研究越来越多。具体来说，就是关于男性和女性的大脑是如何的不同。

在20世纪90年代，最早涉足这一领域的两位研究人员是美国心理学会前任主席黛安·哈尔彭（Diane Halpern）博士和尼劳·沙阿（Nirao Shah），沙阿现在是斯坦福大学精神病学和行为科学及神经生物学教授。许多其他的研究也从其他值得肯定的来源可以得到。尽管对于这件事情仍有争论，但在斯坦福大学医学部几年前所做的荟萃分析中，以下是一些似乎已经被广泛接受并与我们的观点相通的发现。

▶ 也许最根本的是，女性的左右两个半脑比男性的大脑更容易相互交流。在2014年的一项研究中，宾夕法尼亚大学的研究人员对428名男性青年和521名女性青年的大脑进行了成像分析，这是一个非同寻常的巨大样本。他们发现，女性的大脑成像始终显示出两个半脑之间非常协调的活动；而男性的大脑活动只在大脑局部区域内比较协调。

> ▶女性的海马体在学习和记忆方面发挥了至关重要的作用，它比男性的海马体要大，而且运作方式不同。男人的杏仁核与情感的体验，以及对这种体验的回忆有关，比女人的杏仁核要大一些。

> ▶女性在语言能力测试的几个方面都表现得很出色（除了语言类比推理之外）。总体而言，女性的阅读理解和写作能力始终超过男性。她们更善于从长期记忆中检索信息。

> ▶在成年后，女性仍然更注重面孔，男性更注重事物。

这些发现中的每一个都直接或间接地说明了人们解决复杂性问题能力的水平。荟萃分析的一个总结性评论是：所有测量的差异都是由差异很大的个体结果汇集而成的平均数。虽然在统计学上有意义，但差异往往不是巨大的。这听起来很正确。男人有很多积极的特性，但解决复杂性问题的能力并不在其优良特性例表的首位。

2020年4月，我参加了一场精彩的网络研讨会，旨在探讨情景规划以及企业应该如何因新冠肺炎疫情的影响而重新思考未来。演讲者是咨询公司创新视点（Innosight）的联合创始人马克·约翰逊（Mark Johnson）和该咨询公司的负责人克莱顿·克里斯滕森（Clayton Christenson）。可以理解的是，其中一个话题是复杂性和如何处理它。我在聊天室中发了一条评论，并在几周后与约翰逊进行了相关的交谈。我就本节的相关内容询问了他的一些观点。他很清楚地表示，他的观点是基于经验和案例的，而不是任何形式的分析。

对于女性更擅长和更有能力处理复杂问题一说，他简单地表示："是的，我总体上是这么认为的。她们往往是由右脑驱动进行思考的，更有创造力，更有想象力，能够在更高的抽象层次上思考。"

在一天结束的时候，我们可以准确地与工作团队、社区团体、行政级别的领导层等方面的整体多样性问题联系起来。关于这个更广泛的想法的研究，最近有了一些结论。在2015年的一项分析中，麦肯锡公司的结论是："在性别、种族和民族多样性方面位于前四分之一的公司，其财务回报更有可能高于其全国行业的中位数。多样性可能是一个竞争性的差异化因素，随着时间的推移，市场份额会向更加多样化的公司转移。"

为什么会出现这种情况？因为"更多样化的公司能够更好地赢得顶尖人才，改善它们的客户导向、员工满意度和决策，而所有这些都导致了增加回报的良性循环"。这还不够吗？

正如我们前面所说，多元化旨在实现一个共同的目标，而不仅是为了多元化而多元化。多样性已经存在，它一直存在着，它就是现在美国的现实。为了优化它，多样化需要被赋予一个共同的目标或利益。在解决问题方面，如果没有共同的目标感，一个多元化的团队可能无法取得进展，就像任何其他考虑不周的团队一样。我在这里关注的多样化是团队里的女性占比。当然，它也适用于有色人种和其他类别——就像你们正在阅读的38位重塑者所体现的多样性。

我还需要简要地谈一个问题。为什么女性不能自然而然地更多地"在团队里"，凭借更强大的解决复杂问题的能力为团队解决问题？布列塔尼·卡尔福德·罗杰斯（Brittany Karford Rogers）在比亚迪大学进行的具有突破性和最新研究中指出，"对女性而言，在会议桌前有一个席位并不总是意味着她们就有发言权。女性被系统地视为不太具有权威，她们的影响力也较低……她们的发言较少。而当她们发言时，人们往往不那么注意去听，而且她们被打断的次数也比男性更多。"更不用说那些经常发生的男人对其抱怨和谩骂的现象了。

毕马威大学政治学副教授詹妮弗·普里斯（Jennifer Preece）说："无论是有意为之还是无心之过，女性因性别原因而被排除在外是真实存在的。通常是文化规范和性别化的信息巧妙而深刻地塑造了参与规则，而不是公然的厌女症。压制女性言论的人可能在不知不觉中就这样做了。我们有很多事情要做。"

试想一下，当你下一次参加一个会议或加入一个团队，试图解决一个复杂的问题，组建一个小组来应对一个重大的挑战，或者在你知道要解决的问题并不明显或简单的情况下，环顾四周，团队里有足够的女性吗？我没有说只有女性（一个团队里无论只有哪个性别都不可能是最优方案）。如果你的团队里只有男性，我希望你的问题或挑战是简单或微不足道的。毕竟，2020年后留给我们的简单、微不足道的问题会很多吗？毫无疑问，真的不多。

> 我不会再开任何一个女性成员少于三分之一的会议了。
>
> ——马克·贝尼奥夫（Marc Benioff），Salesforce.com
> （一家客户关系管理软件服务提供商）创始人兼首席执行官

旗帜的挥舞者和桥梁的建造者

苏达·南达戈帕尔

提到苏达·南达戈帕尔（Sudha Nandagopal），我并非没有偏见，她是社会创业伙伴国际化组织（Social Venture Partners International）的首席执行官，该公司是由8个国家40多个城市的数千名公民和慈善家组成的全球性关系网组织。她也属于那种可以扮演多个角色的领导者。首先，她对解决复杂性问题相当老练。她是我认识的少数能够挥舞旗帜（即采取强有力的强硬立场）并建立一座桥梁（能够将挥舞旗帜的人带到一起的人）的领导者之一。你很快就会知道，她在扮演着连接者、召集者的角色，但不是被动的。她玩的是长期游戏。

她的能力部分来自在所有三类组织中的工作经历：公

共部门（西雅图市公平与环境倡导协会的联合创始人）、私营机构［负责企业国际化组织（Corporate Accountability International），一个激励人们挑战和改变企业模式的组织］和非营利组织［华盛顿保护选民协会（Washington Conservation Voters）的通信经理、"一个美国"组织的董事会成员和社会创业伙伴国际化组织首席执行官］。

南达戈帕尔向我传达的一个强有力的信息是，她必须与很多在一个领域内有深度钻研的人合作，但"问题和解决方案不是孤立的"。这句话让我印象深刻。20世纪的问题和挑战有时适合在"孤岛上"解决，但在未来10年，很少会有问题和挑战适合在"孤岛上"进行。

她还对私营机构需要如何发挥更多基于社区、由利益相关者驱动的作用有很棒的看法。举两个简单的例子：亚马逊公司要向一个慈善基金捐款？这很重要，但对于系统性的变化来说并不是什么大事。它如何对待其员工和其所树立的先例？这很重要。私营机构要确保社区组织在权力中心有一席之地？很好。公司是否了解其在社区中的位置，以及如何对社区负责？这很重要。

她在工作时在思维上非常严谨。她总是在探究和调查。她在和团队成员寻找共同点的同时，不要求任何人轻易放弃自己的立场，这催生了更多可持续的解决方案。当合适的机会出现时，她愿意为团队更大的利益冒着失去专业资本的风险。不要指望南达戈帕尔会随波逐流，但一定要指望她通过把人群聚集在一起来带领人们奋斗。

我"爱"紧急情况

拉姆·伊曼纽尔（Rahm Emanuel）相当著名的一句话是："永远不要让危机被白白浪费。"亚伦·赫斯特（Aaron Hurst）把这句话又向前推进了一步：他"爱"紧急情况，喜欢危机。这怎么可能呢？如果你认识他，你会很清楚地知道原因。他是一个有创造力

亚伦·赫斯特

的、善于打破常规的思想家，是那种你在解决复杂情况时绝对需要的领导者……但不是你唯一需要的那种。

你可能会通过他的书《目的经济》（*The Purpose Economy*）知道赫斯特的名字。他是美国企业目标演变的真正思想领袖之一，我们将在后文的跨部门灵活性中谈到。他是一名真正的企业家。现在，他是Imperative公司的首席执行官，当然，这是一个针对相似的领导者的辅导平台。

他喜欢紧急情况，因为它是领导者创造新的行业方向和发展路径的机会。按照他的思维方式，在90%的时间里做一个好的领导者是很容易的，但是伟大的领导者会弄清楚复杂的情

况，并迅速调整，在另外10%的时间里迅速地、不断地调整并重新适应。

赫斯特是那种会告诉你他是对模棱两可的事情和错误不放在心上的人。他认为，我们现在需要的领导者是那些将机敏性和人性结合得最好的人。在考虑如何自我发展或评估自己的能力时，我们可以提炼出一个有效的检查清单：

> ▶对模棱两可的事情和错误不要太在意。
>
> ▶学会喜欢变化，始终保持好奇心。
>
> ▶实现机敏性和人性的结合。

我将再接再厉地努力。赫斯特是我非常喜欢的一个人，但你也不希望团队里有太多的赫斯特。在你的团队中，像他那样对模糊性的极度容忍或对变化的喜爱程度，如果过度的话，并不能提高你解决复杂性问题的能力，它可能还会分散它。这5个重要的特质都有自己的特点。也许并不奇怪，在这5个特质中，解决复杂性问题的能力可能是其中最难找到和有效利用的特质。

拥有解决复杂性问题的能力的弊端

我想说的是，我有时会受到复杂性的负面影响，无法简化对复杂问题的理解和处理。但这并不意味着过度简化复杂性或降低其难度。像这样的重要特质同样面临的一个考验是，它同样涉及处理输入和产生输出。这就是为什么这个人脱颖而出的原因可能是内在的，是这个人DNA的一部分，更多的是来自天性，而不是后天培养出来的。这需要一些独特的大脑能力。

这种特质本身的缺点较少，但它可能是最独特的一种，也是最难转移的。如果你能找到这些具有很强的解决复杂性问题能力的领导者，请一定要留住他们。你需要确保你有足够的具有这种特质的团队成员，而且问题越复杂，你所需要的这种能力就越高。

不要点击发送

珍妮弗·布拉茨

美国的教育存在着机会差距，在缩小这一差距方面取得进展一直很困难，而且往往很不稳定。我们现在迫切而清楚地认识到，机会差距正随着孩子因新冠肺炎疫情的暴发而无法去学校上学的每一天、每一周和每一个月而扩大。正如我们在第二章中所讨论的那样，在过去的20年里，美国的不平等在加速，正在受到新冠肺炎疫情的影响被加倍放大，也许没有比公共教育所受到的影响更大的了。

共同奋斗组织（Strive Together）是为数不多的在缩小教育成就差距方面取得切实进展的组织之一，而且是在可衡量的水平上以及以可持续的方式进行的。共同奋斗组织致力于实现种族和民族平等，它知道，当一个社区优先考虑帮助每个孩子获取成功时，它使我们每个人都朝一个公平的世界更近了一步。他们在全美范围内，其地方合作伙伴在几个主要领域都取得了重大成就：31个社区正在为社区中的小孩子们上幼儿园的事宜做准备，43个社区在改善中学数学教育，15个社区正帮助社区中的人为进入工作岗位做准备。

本书中多次提到教育系统的复杂性。像共同奋斗组织的总裁兼首席执行官珍妮弗·布拉茨（Jennifer Blatz）这样的人的关键经验是，她知道如何有效管理和应对复杂性问题。作为一个领导者，她必须在应对复杂性问题的同时明确预期结果。

这听上去很简单，对吗？那么，实际上更简单的是拥有私营机构的净利润这颗北极星。在今天的世界，无论是出于自己的意图还是出于需要，只看一个单一的底线已经不能解决问题了。像布拉茨这样的领导者已经处理过底线不止一条和结果不止一个的复杂性问题。这种解决复杂性问题的能力，是像她这样的领导者所特有的；而更多的未来领导者将需要这种品质。

这里有一个有趣而简单的工具，她用来管理、消化和最终转化问题的复杂性。她写电子邮件，但她不发送。让我们来解释一下这是为什么。实现教育方面的成果最终依赖于其他部门的成果，如住房、食品安全或交通。这意味着要从大量的信息中筛选出问题的根源，然后拉动可以改变结果的杠杆。要做到这一点，需要一些工具和方法，包括跨部门合作、根本原因分析和风险管理等。

因此，在"纸"（电子邮件）上组织她的想法和思路这一简单的行为可以帮助布拉茨磨炼思维，使其对复杂的问题有一些认识。这也有助于她规划出下一步最佳的方案——无论是找到指导她的团队的最佳方式，还是决定何时更积极地推动一个目标或暂时不行动，抑或是何时咨询那些能提供新见解的知识渊博的专家。把它作为一封待发的电子邮件来写，使其更加真实、个性化。这是一个简单但强大的提炼和处理复杂性问题的工具。

我喜欢这个事例，因为布拉茨有一个容量很大的大脑；虽然她必须处理整个教育系统的问题，但她有一个简单的方法来帮助她提炼和组织至少其中一部分她所需要处理的复杂性问题。这是一个很酷的例子，说明了一名领导者是如何简化复杂性问题的，不仅为了她自己，而且为了她周围的每个人。

关于具备解决复杂性问题能力的未来领导者，我们需要知道的8件事

1. 最善于处理复杂问题的人往往具有宝贵的跨部门经验。这有助于他们使所有的复杂性变得更有意义，并使其更容

易将所有的复杂性问题结合起来思考。

2. 确保你的团队在组成上很平衡。你当然不希望缺少能够解决复杂问题的队友，但你也不希望有太多这样的队友。

3. 要寻找反映较高解决复杂性问题能力的特质，如对模糊性和变化有一定的适应性，同时有着适度的人性化。

4. 为了在复杂性中创造清晰性和中心性，至关重要的是，领导者要有一套强有力的明确的价值观，并坚持不懈地，而不是断断续续地应用这套价值观。

5. 对于假设你可以转移或教授这种解决复杂性问题的能力的想法，要谨慎对待，因为其实这真的很难做到。

6. 无论你处理复杂问题的能力如何，都要想办法走出舒适区和常规领域，以提高自己的能力。

7. 在没有足够的女性参与的情况下，不要处理复杂的问题。

8. 记住，具备解决复杂问题的能力的前提是需要拥有慷慨的心态，以便将对于复杂事物的理解与为真实的人服务结合起来。

公众不再能真正了解世界了，在这样一个复杂的时代，这个问题变得更加棘手。

——兹比格涅夫·布热津斯基（Zbigniew Brzezinski）

第七章
慷慨的心态

当我们之间的联系越来越少、越来越孤立的时候，我们要想团结一致就比以往任何时候都要困难，心态的开放性和宽广性就显得至关重要。这可能是最难坚持和忠实地付诸实践的特质。

无论当前的社会、经济或健康如何，都需要一系列的人才、观点和理念来应对现状。正如罗珊娜·哈格蒂所说的那样，有能力成为领导者的人需要维护团结，寻找团队成员之间可以共同分享的东西；同时至关重要的是，要尊重彼此的差异。不惜一切代价维护团队成员身份多样性的心态是最重要的。

请记住，想要拥有慷慨的心态需要能够处理复杂性问题，以便知道机会会在哪里出现以及如何出现，从而加以利用和维持。

就像桥梁的上层建筑一样，慷慨的心态可能在结构上看起来是最不重要的。但就像悬臂桥一样，它对重建的桥梁的整体结构和强度是至关重要的。它可能看起来只是一个更吸引人的视觉元素，但它远不止于此。那些具有慷慨的心态的领导者提出的最终解决方案可能不会具有明显的结构性和战略性，但他们有时是使所有部分结合在一起的重要元素。

这是我们发起的斗争，对抗我们自己和彼此。因为美国不是靠着自然发展就建立起来的，部落性才是从自然中诞生的。我们在与几千年来的人类行为做斗争。要做一些从来没有人做过的事情。所以这就是美国的特殊之处。但要做到这一点并不容易。

——琼·斯德沃特（Jon Stewart）

慷慨是一种策略

塞西莉亚·古特雷斯

每隔一段时间，你与这些领导者交谈，就会被他们的话语吸引。不需要进行大量的编辑以增强故事性。领导者的话语已经表达出了一切。塞西莉亚·古特雷斯（Cecilia Gutierrez）是这些领导者之一。有点像迈克尔·史密斯，她体现出了慷慨的精神和心态，并将其融入自己的生活中。

"使房间倾斜"，这个习语指的是那些只是通过他们的存在就改变了事情的人，常用于描述具有魅力或权力的人，或只是那些指挥团队的人（通常但不完全是以好的方式）。古特雷斯之所以能"使房间倾斜"，是因为（用她的话说）她将"慷慨的心态作为策略"。当我问她如何看待自己在一个会议、一个小组、一个团队中的角色时，她清晰、毫不犹豫地做出回答。她说她有三个核心信念。

她只做那些她认为"很有意义"的工作。在她说这话的时候，我想到了一个有趣的概念。这些年来，她经常出现在人们面前，她不必主动去寻找那些真正有意义的工作，反而是这些工作"找到了她"。

古特雷斯相信，团队里的每一个人都有一定的贡献。她为每个人的贡献找到了合适的展现空间。停下来，好好去思考一下这两句话。你上一次在团队会议中发现至少有一个人在对待手头工作的态度上具有充足、真正的包容性是什么时候？这样的情况不是很常见。这种深刻的信念的影响往往就像一只看不见的手在指导工作。你可能从来没有明确地注意到它，但它就在那里，它的力量是深远而持久的。

最后还要提到一点，古特雷斯有一个核心价值观，即如果我们真的想从彼此身上得到最好的，我们无论如何都必须愿意分享，而且要完全透明。这听起来可能有点不言自明，但关键是古特雷斯无时无刻不在这样想。她的行事方式、她的慷慨的心态，是很有影响力的。她不断地观察着每个人，并相信让每个人展现出最好的一面是她的"工作"。

这让人不禁要问，像她这样的人是如何和那种喜爱零和博弈、只为自己而战的人一起工作的？她以"极度的乐观主义"对待每一种情况。她一直在努力使尽可能多的人获得成功。她告诉我，她一直在努力思考如何以一种每个人都能听懂的方式进行沟通。简言之，她的慷慨的心态是持续的。随着时间的推移，它挤掉了那些喜欢零和博弈的参与者。

当我与大多数这些重塑者交谈时，有几个共同的维度我们可以用来理解他们。其中之一是，他们的特质在多大程度上是天生的，在多大程度上是通过后天学习培养的（我们之前在第五章中已经提到过）。对于像古特雷斯这样拥有优质特质的人，他的回答通常是两者都有。就像你即将读到的达雷尔·哈蒙德（Darell Hammond）一样，她在人生的早期并没有得到很多东西；事实上，除了妈妈的爱之外，她什么都没有。

古特雷斯不得不在贫困中长大，但最终摆脱了贫困，这样的经历无疑让她习惯于充分利用别人身上的优势，因为她觉得自己没有那么多优势。在她职业生涯的早期，这也使她有时无法完全相信自己的领导能力。我和古特雷斯一起参加了许多会议，她现在显然已经把那些内心的疑虑抛在了脑后（在我看来是这样）。

当她在团队里时，团队通常都保持着很好的工作节奏；当她不在时，事情会进展得比较曲折。当她在团队里时，大家都有着更强的决心和毅力；当她不在时，团队就更容易出现离心离德的现象。当她在团队里时，工作会很快完成并取得更多进展；当她不在时，最终目标的实现似乎看起来很渺茫。

无论是在你的社区、公司还是政府，当你考虑解决我们在21世纪20年代所面临的问题的规模和复杂性时，请看一下前面那段话。问问自己，我们身边有像古特雷斯那样的人吗？如果没有，我们在哪里可以找到这样的人？

"慷慨的心态"的定义

我想再次强调，这里的重点不是要做个好人或有礼貌的人，这是一种战略心态。它是一种工作的方式，并且一直如此。当你来到任何场合时，你都要看一看团队里缺了谁，还需要联系谁。你需要把目光放在最终的目标上，并设法带领团队消除分歧，使团队少走弯路、集中精神。

邓普顿基金会（Templeton Foundation）将慷慨的心态作为一门科学进行了一些最先进的研究。人们对慷慨的定义更多的是在社区或慈善方面，但有一些具体的、相关的发现给予了这种心态一些强有力的支持。他们研究了1971—2017年发表的350多项研究和元研究，并做出以下总结：

在几十年的研究中，我们都假设人性本质上是自私和争强好胜的，但根据近年来的研究我们如今对人性有了更复杂和微妙的理解。虽然研究表明，人类有自我利益至上的倾向，但研究也显示，慷慨的潮流在我们内心深处流动着。

慷慨似乎与心理健康和幸福有着特别紧密的联系。对他人的慷慨已被证明有助于消除"关系噪声"——人们因为误解而认为自己遭遇了不公，这使它成为增进关系信任的关键因素。

一项研究发现，慷慨创造了自我与他人的重叠，即与他人的"一体感"，并由此推断当我们在这种一体感的状态下帮助他人时，我们会觉得我们也在帮助自己。

该项研究告诉我们，需要保持持续开放的心态。今天能够做到这一点的人越来越少，所以它的独特价值不断增加。在某种意义上，具备慷慨的心态也要求你有一种持续的真实性。

回报你所得到的慷慨

达雷尔·哈蒙德

如果至少在一个方面，你是在一个完全没有人具备慷慨的心态的环境中开始生活的，那么你如何能够以一种宽宏的、慷慨的心态来度过一生呢？达雷尔·哈蒙德的父母分别是疗养院护工和卡车司机。在他出生的两年后，父亲抛弃了这个家庭。他的母亲崩溃了，发现无法靠自己来照顾孩子。因此，他被送到了伊利诺伊州的一个已经有一个男孩的家庭。

这么多年过去了，他把那个距离他的出生地2000英里以外的他生活了14年的社区描述为"慷慨的施主"。他记得有些时候，家里的食物并不够吃。当这种情况发生时，整个社区就会闪亮登场地慷慨解囊，这对哈蒙德来说是他一生中都不会忘记的。在他们的餐桌上没有发生"公地悲剧"。他的生活中有数百个小的拐点，正是这些拐点塑造了如今的他。

驼鹿之心儿童城及学校（Mooseheart Child City & School）是一个寄宿式儿童保育单位，位于芝加哥以西38英里处一个占地一千英亩①的园区内。一百多年前，它由驼鹿兄弟会组织建立，来照顾那些由于各种原因而无法得到原生家庭照顾的青少年。对我们大多数人来说，这是一种难以想象的成长经历。

对于哈蒙德的一些同龄人来说，这无疑是一个艰苦的成长环境，可能会击垮他们的精神。对哈蒙德来说，那是一个培养和放大了一种素质的地方和经历，这种素质一定是在他出生的那天就已经存在了：慷慨的心态。

这肯定是一个感人的故事，但对21世纪20年代的领导能力有什么意义呢？在一个越来越不平等和孤立的世界里，真正的慷慨是一个在领导者中越来越罕见和具有高度战略性的特质。

---

① 1英亩≈4046.856平方米。——译者注

在哈蒙德看来，你现在不能玩零和游戏。不是因为这样做"更好"，而是因为玩零和游戏会导致彻底失败。哈蒙德如何知道他的"无零和游戏策略"是否有效？好吧，那就看看他在美国的几十个城市从零开始建立一个价值3300万美元的组织（非营利性）。这就是哈蒙德通过"大爆炸"组织（Kaboom）完成的工作。

那么我们下面就要问了，建立一个倡导建设游戏场所和推广健康游戏的全国性非营利组织，与未来的领导力有什么关系？如果在2020年之前还不清楚，那么现在已经很清楚了。我们必须要有具有广泛的人际网络并能跨越地域将大多数人相互联系起来的领导者。

哈蒙德在与私营机构的领导者、学校校长和主管，特别是家长打交道时，需要动用所有他能调动的慷慨的心态。他所遇到的挑战包括与当地已经存在的非营利组织的地盘划分问题，要与公共部门进行交涉的安全问题，以及不胜枚举的其他问题。领导者必须照顾到的利益相关者的范围只会越来越大，因为绪论中提到的5个巨大挑战的风险在增加，未来的变数也会越来越多。像哈蒙德这样的重塑者已经挺过了这一考验，他知道需要什么。

就像迈克尔·麦卡菲的全天候的真实性的特质和桑德拉·塞缪尔斯的坚定以数据为信念的特质在你见到他们的10秒钟内就能自动显现一样，哈蒙德慷慨的心态和精神也是如此。同样，你在重塑者身上看到的，往往就是你真正得到的。

穿紫色裤子的游乐场

玛雅·伊尼斯塔·史密斯

紫色的裤子与玛雅·伊尼斯塔·史密斯（Maya Enista Smith）慷慨的心态并没有什么关系，但它确实解释了她的家人是如何来到美国的。她的故事与达雷尔·哈蒙德的故事并列在一起并非偶然。

当史密斯的父母在罗马尼亚长大时，有一天晚上，她的妈妈做了一个梦，梦见她在一个"穿紫色裤子的游乐场"里玩耍。她的妈妈醒来后说，他们全家必须搬到美国，他们最终还真的搬到了美国。她今天能够有如此慷慨的心态与史密斯一家长期以来在全世界各地旅行以及无数次的搬家经历是分不开的，即使这条线索并不是百分之百清晰。

史密斯的父母在她出生的六年前就移民到了纽约市。她的家人离开罗马尼亚来到美国时，基本上一无所有。他们是第一代移民，独自在一个陌生的国家生活，所以不得不一次又一次地依靠别人的慷慨解囊。这里的重点不是说这是一个感人的故事，尽管它确实是，而要重点讲述的是它后来如何塑造了史密斯的世界观并帮助她成为一位真正高效的领导者——但这需要时间。

在她成长的过程中，史密斯还不是一个你会说她拥有慷慨的心态的人。她并不总是那么友好，可能这是她当时的一种应对机制，但在高中毕业后的几年里，有三件事改变了她对周围世界的整个心态。

第一件是"9·11"事件，那次事件发生在她大学一年级的第一天。我们都知道，当我们第一次听到这个消息时，不管当时我们在哪里，我们每一个人都受到了影响。史密斯在那一天决定，她需要以不同的方式出现在这个世界上。也许她所目睹的非人道的残酷行为开始突破这个刚刚高中毕业的"不太慷慨"的女孩的心理防线。

第二件是，她遇到了一个有宗教信仰的人，并且后来和这个人结婚了。他对世界的看法明显是以信仰为主导的。这种精神有时会延续到你的配偶身上。与许多重塑者一样，史密斯的故事中也有精神和信仰方面的指引。

第三件是在一次会议上，她听到主讲人谈及导师指导的重要性。她深以为然，并给他递了一张手写的纸条（那时的人们还这样做），请他当她的导师。演讲者达雷尔·哈蒙德回复说他很乐意。

今天，史密斯说慷慨是她"对世界最核心的心态"。

从实际情况来看，非营利组织比私营机构或公共部门更缺乏资源。这导致非营利组织的许多人有一种"我们缺乏资源"、零和博弈的心态；而从长远来看，这些领导者会输得很惨。史密斯和哈蒙德显然有一些共同点。更重要的是，就像哈格蒂、哈蒙德、迈克尔·史密斯和古特雷斯一样，玛雅·史密斯以慷慨的心态取胜，在她看来自己能够取胜的三个因素是：

1. 慷慨的心态能减少团队里的不平等、孤立、及不和谐状态。她作为一名领导者，其具有独特价值的主张在团队里的影响力是很大的，而且在不断增长。

2. 慷慨的心态能吸引优秀的人加入你的团队，吸引优秀的投资者，吸引你可以永远利用的高价值网络和关系，只要慷慨地回报他们。

3. 慷慨的心态可以促进销售，无论客户是以捐赠的方式从非营利组织"购买产品"，还是从公司购买消费产品。客户的决策过程越来越受到卖方组织的领导者的影响。

史密斯是"生来如此"（Born This Way）基金会的首席执行官，该基金会记录青少年的心理健康挑战经历和影响他们幸福的因素。其目标是能够更有效地利用资源，并确保其所有方案都以最新的科学证据为基础。史密斯最喜欢的一句话是："如果你比别人更幸运，那么打造一张大桌比建起一个高高的栅栏更好。"我们的世界已经有太多的栅栏和筒仓了，我们需要打造一大堆桌子，比我们以前打造的任何桌子都要长得多。

做事与做人

成为一名重塑者，不仅是要"做事"或完成任务，而且是组合你的技能。这也是一种做人方式（见图17）。这两个概念（做事与做人）不乏定义和描述，但对于我们要达成的目标来说，我遇到的最好的、最不虚无缥缈的定义可能就是这两个。

图17　做事与做人

做事是你所做出的行为。它是你采取的行动，它是你做出的决定，它是你的行为及其所有可见的表现形式。

做人是指你是什么样的人。它是在所有行为之下的东西，它是你的品质和思维模式，它是你对自己和环境持有的信念模式，这是你的世界观。

成为一名具有慷慨的心态的重塑者绝对是一种世界观。它是工作的方法，它是你看待变量的方式，以及关于寻找解决方案的“复杂方程式”。我们所看到的每位重塑者都从一套价值观、信仰和世界观出发；这是他们与众不同的部分原因，使他们能够成为21世纪20年代的合格的领导者。

只是为了给某些东西加上一个感叹号的这种心态在我们的世界里越来越少，这会削弱公民社会。那些拥有这种重要特质的领导者将很快成为近乎独角兽的存在，而我们将需要每一位我们可能找到的人来真正解决我们在21世纪20年代所面临的五大挑战。

在实地上

厄博·韦格

这些领导者中的一些人经常试图从系统层面去思考问题，试图找出根本原因，以影响公共政策，并进行跨行业工作以解决这些棘手的问题。而像厄博·韦格这样的人则不同，他在康涅狄格州的首府哈特福德创建了凯尼公园可持续发展项目（Keney Park Sustainability Park，KPSP），教授人们有关堆肥、园艺、鱼菜共生和水耕法的知识，目的是将人们与大自然天然的治疗力量联系起来。如果你愿意，这就是一个实地领导者。

韦格对可持续发展的热情源自一个美妙的故事。他的祖母很喜欢种植玫瑰花，韦格小的时候喜欢帮她打理院子以及"看到我祖母的反应"。从他还是个小男孩的时候，他就萌生出了一种慷慨的心态。

这就是为什么罗珊娜·哈格蒂把韦格介绍给我，因为他真的可以算得上典范。不需要花很多时间与他这样的实地领导者（以及黛比·利特尔）相处，就能知道为什么哈格蒂认为他对整个解决方案至关重要。他和他的KPSP团队是社区解决方案组织在哈特福德北区的人口变化工作中的关键合作伙伴，这一地区有望成为下一个结束长期存在无家可归状态的地区之一。

正如哈格蒂所解释的，"韦格的组织是一种展示如何构建社区发展系统性方法的组织类型。他愿意将其与数据驱动的结果方法结合起来，以应对人口水平变化。他是那种将发挥巨大作用的领导者，因为他是一个以综合型方式行事的天生的系统思考者"。

从韦格的案例中，我们也可以明白为什么我们需要重建而不是发明新的项目。凭借自己在非营利组织和社会部门20多年的工作经验，我慢慢地但肯定地意识到，社区中已经有非常有效的实地领导者。我们需要展开投入，然后再对自己社区内的"厄博·韦格"投入资源，而不是一次又一次地开发新项目。

他在KPSP项目中的团队为附近的家庭提供了一个机会，让他们在自家附近种植粮食。"能够种植自己的粮食一直是我们感到惊讶的事情。如果你让他们有能力养活自己，你会改变他们的生活……你会改变一切。这正是我们正在努力做的事情。"他说。KPSP组织通过为个人提供可助其就业的景观设计和森林管理技能，保护了693英亩的城市森林，因此，这一项目也在培养下一代的环境管理人。

以这种方式思考的人，是如此的全面和开放，以他所拥有的有限资源，实现了整体作用大于各部分作用之和的目标。他不知道如何玩零和游戏。但他知道，增加自己所得份额的最好办法是"做大整个蛋糕"，而不是想办法通过牺牲别人的利益来增加自己的份额。这可能为当事人戴上了一个"好人的光环"，但它在战略上的意义远远大于它的礼貌性意义。实际上，韦格也是在系统层面上思考的，而不是仅仅在一段时间内为某个人出谋划策。他的愿景是向其他地区展示如何在自己的家乡复制KPSP组织的模式。他的思维方式是广泛而慷慨的。

另一个霍华德

霍华德·贝哈尔

在未来的10年里，关于领导力的一个重要动态是，领导者可以通过许多不同的方式在不同的地方出现，而不是我们以前所习惯的那样。我们当今的世界不仅更加分散，而且问题非常复杂，因此我们需要具备前所未有的广度和深度的领导者。霍华德·贝哈尔（Howard Behar）像他那一代人和今天的许多人一样，从

　　罗伯特·格林里夫（Robert Greenleaf）的仆人式领导力理论中找到了他关于领导力的早期理论成果的部分灵感。当我和他谈论领导力时，他提到，我们需要一种"慷慨的心态"。

　　贝哈尔是星巴克的创始人之一，他坚信，你在工作中的表现应该与你在生活中的所有表现一样。我认为这也可以被称为全天候的真实性。我问他："在20世纪80年代、90年代和21世纪的头10年，像星巴克这样的成长型、创业型公司，如何表现出慷慨的一面？"他毫不犹豫地说："成功源于与人合作，而不是对你的员工颐指气使。"他说他总是知道他的员工"必须从工作中得到更多，而不仅是赚钱"。他的工作是为他的员工服务。在许多方面，他领先于他的时代。

　　当然，在这个过程中，他不仅创建了一个全球品牌，而且也创立了一个真正认真对待企业社会责任的全球公司，他们呼吁以价值观为基础的领导，用独特的商店振兴社区，并资助他们的咖啡师接受大学教育。

　　在如今的世界中，领导者面临的挑战之一是自己身上的某些品质（如慷慨的心态）是否仍然能够显示和闪耀出来。这种特质需要更多的实时示范来才能展现。其他特质则更有形或更基于技能，它们更加明显。在贝哈尔看来，慷慨的心态在当今世界更加重要，尤其是现在，我们彼此之间的联系有很多是通过屏幕建立的。

　　认识贝哈尔十几年了，我不得不说他有一种与生俱来的

"资产"而且他把它带到了他的领导层。他是一位天生慷慨的人，这体现在他的谈话方式，以及他与每个人的关系中。我不知道这是否是他在过去50年里学到的，还是他生来就是这样，但他是真正地慷慨。我想不出在我认识的人中，有谁比贝哈尔获得的"最佳导师"称号次数还要多。

拥有慷慨的心态的弊端

拥有慷慨的心态有两个主要的弊端。首先，你会一直在平衡相互冲突的利益和议程。你会不断地受到挫折，你需要不断地塑造慷慨的形象。厚脸皮加上坚韧不拔的精神是消除许多这类特质的弊端的"妙方"，尤其就慷慨的心态而言。以开放的心态坚持不懈地工作，在很难找到共同点的地方找到共同点，你可能会遭遇更多的挫折。

其次，"慷慨的心态"也需要一种适应性心态。塞西莉亚·古特雷斯说，她必须不断地去适应其他人的语言和方式，她必须像"变色龙"一样。在她职业生涯的早期，她有时会在这种不断适应的过程中迷失方向。这可能会让人感到疲惫，而那些成为典范的人往往会对自己要求更多，而对别人要求不多。在某些时候，一个人的"油箱"可能随时会空掉。你必须找到方法来保持你的"油箱"中的"燃料"充足。

我就是桥梁

阿普里尔·布罗迪

她被称为"连接器"。她是洛杉矶市长埃里克·加塞蒂（Eric Garcetti）的"桥梁之家"项目经理。她负责协调与洛杉矶全市15个办事处、相关管理人员及合作伙伴、非营利性组织和各县之间的关系。阿普里尔·布罗迪（Apryle Brodie）是慷慨的心态的一个典范，她所做的一切都体现着慷慨的心态。

正如我们之前大量探讨的那样，美国正面临着越来越多异常复杂和跨部门的挑战。坦率地说，如果没有越来越多像布罗迪这样的领导者，我们就再也没有机会了。

布罗迪所处理的问题的复杂性，以及她的能力，都是令人难以置信的。她的职责并不是要在一件事情上进行深入研究，而是要管理大范围的部门、选民和资源。而在像洛杉矶这样的地方，这是非常棘手的工作。下面听听布罗迪自己说她是如何作为一个领导者、作为一个重塑者去工作的。

> ▶ 当人们联系在一起时，事情就会步入正轨，就是这样。
>
> ▶ 在我的整个人生中，我总想着我能做出什么贡献以及我能为别人做什么。

> ▶我一直在探索每个人真正需要什么。
> ▶我总是在必要时给予帮助。

　　作为一位领导者，她最核心的工作可能是一直在寻找可以转化的关系——而不是交易性的。她的工作方式显然有一种激励的因素，但在这之下是一种深层次的心态。她在与所有人的互动中都在"玩实时游戏"，但同时她也在"玩长期游戏"，寻找一些具有变革性的东西。布罗迪表示，她总是在辨别那些整体作用变得不如部分作用之和的时刻和决策点。

　　与任何一个重要的特征相比，慷慨的心态都更加要求领导者在战略和战术层面上做出努力。这是一个相当高的个人和职业能力的标准。在布罗迪的工作和信念中，你可以清楚地看到她非常人性化、实时的工作方式。这是使复杂问题得以解决的日常黏合剂。这就是为什么他们称她为"连接器"。这些重塑者还需要从战略上思考，所有这些部分是以什么目的连接的，以及实现有效性的途径。此时需要我们具有之前所谈到的解决复杂性问题的能力，并且我们需要注意这两种特质是如何经常并存的。

　　在布罗迪的事例中，有一个有趣的例子。她和任何具备这种特质的领导者一样，散发着慷慨的气质。我与她最初的谈话是在新冠肺炎疫情最严重的时候，而且当时她窝在她的公寓的壁橱里。她和她姐姐住在一起，所以她们规定了当她们在同一时间有工作时谁分别要在什么地方打电话。如果她窝在洛杉矶公寓的一个小壁橱里时还能散发出慷慨的气质，可以想见她在一个有很多人、没有衣架或鞋架的开放空间里能展现出何种慷慨的心态。

关于具备慷慨的心态的未来领导者，我们需要知道的7件事

1. 他们不玩零和游戏。从来没有玩过，也永远不会玩，无论发生什么。

2. 他们经常在其生命的早期就能展现出开放的心态、互联的思维，总是在寻找下一个目标。

3. 他们本身就很有价值，而他们所创造的榜样和文化环境也同样具有长期的影响力。

4. 他们会毫不犹豫地展现出自己慷慨的心态，也不会加以控制。这种特质是一种即开即关的开关，而不是一个可调节的开关。你可以判断全天候的慷慨是完全打开或关闭的。

5. 他们不断地想知道是什么让别人心动，什么能吸引别人；他们是向外关注的。

6. 就影响和结果而言，他们的慷慨并不等同于松懈或随和；事实恰恰相反。

7. 这种特质往往与能够解决复杂性问题的能力并存，要么同时存在于一个人身上（有点罕见），要么存在于团队成员之间（更常见和可实现）。

我非常钦佩富兰克林·罗斯福的精神。他相信美国人的伟大和慷慨，但同时他也是一位冷血的政治家。

——琼·米查姆（Jon Meacham）

第八章
坚定以数据为信念

　　当美国在社会、健康和经济等领域出现发展缓慢、更加不平等、不确定加大等现象时，数据就成为人们试图在美国公民社会中开辟一条更加平等的发展道路不可或缺的因素。然而，就算有了这些数据，依然不能保证是否能取得进展；但如果没有数据，就几乎不可能取得进展。

　　我们需要不断地学习和改进自身。与其在事情发生后运用数据分析某一事件社会或社区产生的影响，不如持续关注某些项目、实践和政策产生的真实、即时、持续的影响，这样会更有效果。同时要确保正在使用的数据是正确的，而不仅是现成的。然后，可以运用数据为公司和社区的持续的、日常的改进提供建议。

　　请记住，如果没有全天候的真实性这种人性化的品质，坚定以数据为信念就有可能失去人性或过于程式化。

　　桥桩是用于支撑桥梁的垂直支撑结构。桥桩被打入桥下的土壤中，直至下面坚硬的夯土层或岩石层。桥桩利用其周围土壤的抓力和摩擦力来支撑桥面的部分负荷。桥桩必须像它们嵌入的岩石层一样坚固——就像我们用于经济、健康和社会变革的数据。数据并不是要建造的美国未来"桥梁"的唯一部分，但数据必须是"坚实可靠"的，因为有很多东西都依附于它。如果数据是"薄弱或松散的"，那么很多方面就会崩溃。

我从不进行猜测。在拥有数据之前就进行理论研究是一个很大的错误。人们会不自觉地通过扭曲事实来使其适应理论，而不是让理论来适应事实。

——夏洛克·福尔摩斯（Sherlock Holmes）

用手电筒而不是锤子

杰夫·埃德蒙森

杰夫·埃德蒙森（Jeff Edmondson）有关数据的故事开始于世界的另一端，一个不为人知的地方。加蓬是中非洲西部的一个小国家，与刚果共和国、喀麦隆接壤，西濒大西洋。没有什么比在世界的一个偏远地区做一名和平队志愿者更充满理想主义色彩的事情了。1996年春天，埃德蒙森出发前往加蓬进行为期两年的工作。

最后，他和另一位同事在那里多待了18个月，担任地区和平队项目志愿者，尝试（持续不断地）将该项目的服务范畴从养鱼业转为畜牧业。养鱼业在邻近的刚果取得了成效，所以在加蓬当然也会有同样的效果，对吗？就像在博伊西成功的事例在洛杉矶也会成功一样，对吗？

只是有一个问题。在加蓬的每个雨季，养鱼场都会被淹没。埃德蒙森不知道为什么以前从没有人把这个问题说出来，他在正常的两年任期结束后继续留在那里，试图说服和平队的成员，养鱼是错误的。人们对他的建议置若罔闻，直到他把真实的数据带到总部，他们终于相信了并改变了工作方向。埃德蒙森有一种不屈不挠、坚持不懈的品质。数据最终帮助他力排众议，取得成功。在他的职业生涯中，他将多次重温这一经验。

七年后，埃德蒙森回到了自己在辛辛那提（美国俄亥俄州西南部城市）的家。2006年，一群当地的领导者聚集在一起，讨论如何为该地区的青少年在整个区域内提供支持的新方法。经过多次讨论，其中一位参与者，一位县里的验尸官，站起来说："只要我们依然是这种有很多项目但在整个社区的教育系统上缺乏资金的状态，我们这里就不会有更多的孩子能够进入大学。更重要的是，我将继续不断地看到孩子们的尸体。"

很快，埃德蒙森发现自己处于为整个大辛辛那提和北肯塔基地区的孩子提高新型帮扶项目的核心，即通过建立伙伴关系来帮助每个孩子获得成功，而这种新型项目将涉及私营机构、公共部门和非营利组织。在像辛辛那提这样的城市，想要做出持久的积极改变的人的基本信念是，如果没有真正的跨部门合作，就无法解决重大问题。他们是对的。因此，一开始试图让宝洁公司、城市娱乐委员会、终端区域俱乐部（Endzone Club）和城市公立学校系统根据整个社区的不同项目进行协调的做法是不对的。

团队里所有人的良好愿望都在兜圈子。最后，当时的美国联合劝募协会（美国的一家大型慈善组织）的负责人说："我们本以为我们对教育的理解是一样的，但事实可能不是这样。"每个人都需要为具体的结果保持一致，也就是说，要关注数据而非项目。一旦他们集体专注于数据，混乱就会变成协调一致。不同的社区行动者对每个数据点或结果进行了调整，现在他们有了一个共同的最终目标和可以共同使用的语言。他们每个人都能更清楚地看到自己在应对整个挑战中的部分挑战的具体解决方案中的作用。数据最终帮助我们"拨开云雾见青天"。

通过这两个案例，埃德蒙森告诉我［借用数据质量运动创始人艾梅·吉德拉（Aimee Guidera）的一句话］，数据起初被"当作锤子而不是手电筒"使用。在社会部门的工作中，数据的引导作用有时是难以捉摸的而且很容易出现数据使用不当的情况。一些资助者和公共实体将数据用于回顾性的合规和监督工作，而不是以一种前瞻性的方法使用数据，来告知人们项目的进展情况以及哪些方面可以做得更好。因此，这就是工具（锤子）与指引（手电筒）。

在这两个案例中，埃德蒙森最终能够让所有参与其中的人都得到指引。相信我，非营利组织比其他两类组织更需要以数据作为指引。正如我之前所说，这是他们工作的性质，因为他们的工作成果永远不会像个股收益那样清晰。

最终，埃德蒙森成为辛辛那提和北肯塔基州"奋斗合作"组织（Strive Partnership）的第一任执行董事，这是美国一项最宏大的，而且随着时间的推移，最有效的社会变革。他在共同奋斗组织（Strive Together）全美网络部门的继任者是具备解决复杂性问题能力的领导者珍妮弗·布拉茨。今天，埃德蒙森是鲍尔默集团的社区动员执行主任。在某种程度上，他正在鲍尔默集团试图复制自己在共同奋斗组织所做的事情，增强自己坚定以数据为信念的特质及其对社区的影响。

埃德蒙森仍然记得早期时任宝洁公司首席执行官的约翰·佩珀（John Pepper）的一句话。佩珀告诉他，"每个人都认为宝洁公司有着完美的数据，其实我们没有。但我们有很多数据，足以让我们做出更好的决策"。这就是像宝洁这样的全球性公司做出大量决策的依据。很快，说服大家相信数据真的很重要以及数据不一定要完美，就成了埃德蒙森的行为准则。

共同奋斗组织和它的影响数据告诉我们，使社区发生真正变革是可能的。罗珊娜·哈格蒂在解决无家可归问题方面的工作、迈克尔·麦卡菲在"社区前景研究所"的工作，以及其他一些工作都体现了这一点。这些组织都是由致力于改变世界的有心人和有头脑的人运作的，并永远以对数据的信念为指导。

我们不一定要获得完美的数据，我们需要的是足够好的数据。但是，如果没有数据，社区积极的、真正的改变几乎是不可能实现的。记得桑德拉·塞缪尔曾说过："没有数据，我的组织就不存在。"当数据的话题出现时，你会清楚地知道谁是"坚定以数据为信念"的领导者——就是那些像埃德蒙森那样的人，兴奋、活跃、精力充沛，就像他们在谈论自己的第一个孩子时那样（好吧，几乎就是如此）。他们之所以这样兴奋是由于真实的、共享的数据在帮助团队、社区和公司走出"孤岛"，以及在找到工作的契合点方面发挥了巨大的积极力量。

坚定以数据为信念的定义

作为一个重要的领导力特征，"坚定以数据为信念"可能听起来有点枯燥或陈旧，但事实并非如此。对于21世纪20年代的重塑者来说，对数据的信念和热情是绝对必要的心态。想想我们的私营机构、公共部门和非营利组织在后新冠肺炎疫情时代面临的挑战有多复杂。如果没有数据来展现一些基本的清晰程度，以及将相互冲突的世界观结合在一起的基础，成功的机会就会更少。

让我们把它定义为不仅是理解，而且是能够掌握，以及善于解释和使用数据。其核心信念是，数据是解决问题时不可缺少的一个元素，数据不仅关乎战术或数字，也关乎战略。我们知道，好的项目是必要的，但没有数据，我们是无法取得成功的。

私营机构与非营利组织和公共部门之间的两个最大区别是：①私营机构有一个主要的底线，即净利润，而非营利组织和公共部门追求的结果是多样的，而且不那么黑白分明；②在私营机构，客户为产品付费，而在非营利组织和公共部门，付款往往通过第三方进行。数据促进社会变革的一个主要方法是试图在收益底线和付费客户之间寻找最佳的收益契合点，或创造有效的代理。

数据并不完美，但有它总好过没有它。正如我们之前所说，数据是至关重要的，但通常只有数据是不够的。而没有数据我们的竞争力就会被削弱。

还有比费城更艰难的吗

比·沃恩（Bi Vuong）目前住在纽约，之前她曾在华盛顿、费城和波士顿居住过。她的个性是这四个城市的完美组合——坚强、精明和无畏。她在2013—2014年是费城学校重组

比·沃恩

工作的关键性人物。她在这次重组工作中很好地体现出她对数据的深刻理解以及对证据的执着，同时她还能利用这种特质来做正确的事情。在这种情况下，为了帮助费城的学生以及家庭，她面临着一个艰难的局面。

几年前，费城学区面临着数亿美元的资金缺口，部分原因是他们在21世纪的第一个10年失去了数以万计的学生。计算结果表明，他们没有选择：必须关闭、重组和合并。除了在统计数字上比较"难看"之外，我们还要考虑到现实中的家庭和孩子与其社区附近的学校有着深厚的联系。他们希望自己的孩子能得到良好的教育。

威廉·海特（William Hite）博士今天仍然是那里的校长，是重组工作的重要驱动者。他根据数据做出决定，并使变化成为可能（我本可以在第五章中写到他）。而沃恩在幕后发挥了关键作用，她是学监办公室战略实施部门的主任，并最终成为费城学区的副首席财务官，为威廉·海特提供必要的数据。

不管是哪个学区，当它的领导层试图做出重大的决定时，如果数据不真实或领导者缺乏真实性，该举措就会失败。沃恩是团队的一个关键人物，试图在与费城市民分享数据方面尽可能做到透明。用沃恩的话说，他们把"每一个数据点都放在网上"。这本身就是一个强有力的证明。这使数据本身做到了全天候的真实性。

他们查看了学生层面的数据、设施利用率、入学率、财务预测、学术表现，等等。当这些数据和他们的最佳思路形成一套建议方案时，他们把这套建议方案交给镇上会直接受到影响的人。他们根据需要进行细化，例如，向市民展示从他们目前所在的学校到准备给他们安排的新学校的平均距离。这些数据都是人们日常生活中的实际数据。

这些数据还能告诉区域内的民众，学区负责人的确做了工作，并非常认真地对待民众发现的问题。数据本身是有参考价值的，但它也说明了该学区在工作中是多么努力和执着。他们听取了社区民众的意见，并一次又一次地修改。如果有民众提出建议，该学区负责人会邀请他们参与进来，并重新审视他们的建议。随着时间的推移，该学区在建议关闭哪些学校和新的学校配置方面做了许多改变。

不是每个人都对最后的决定感到满意，但大多数人都理解做出这些决定背后的原因。费城学区打了一场艰苦的战斗，恢复了财政偿付能力。正如我们一再看到的那样，数据给了我们一个艰难的、主观的、具有挑战性的目标，使人们有机会就目标达成一致。今天，沃恩是"证据工程"组织（Project Evident, PE）教育实践项目的负责人，利用许多关于数据的共通原则，与美国各地越来越多的学区和非营利性教育组织合作。

是否有一种重要的数据方法

数据本身并不能起到什么作用，数据需要被注入分析、解释、评估和真实性。在一个具有社会影响力的世界里，不应只有一条"基线"。那么好的、强大的数据是什么样子？我们应该如何获得？这里有一个简单的有效定义，可以帮助我们做出更有效的决策：数据加分析等于证据。

如果你在像本书中的38位重塑者这样的人的身边待得够久，你就会形成一些固有的决策模式。有一种使用数据进行有效社区变革的方法，可以被分享和复制，但这并不容易。让我来分享一些能真正发挥作用的数据原则：

▶ 没有数据是独立存在的，要考虑到背景和差异的存在，这就部分说明了为什么这些领导者是如此关键。他们知道如何驾驭这些数字。孤立地看待数据往往是很危险的。你必须主动按照种族、阶级、性别和其他对你的社区很重要的人口统计学特征进行分类。数据是这项工作的起点，然后需要运用数据来促进整个决策过程中的真实性、透明度以及健全问责机制。

▶ 保持数据的持续性、实时性和动态性。重要的数据不是一年一次或在某一时刻完成的。想想体育数据和分析的革新。体育队现在使用数据来不断改变他们正在做的事情，而且他们在规则允许的范围内实时使用数据。在美国国家橄榄球联盟（NFL），四分卫在整个比赛期间都在场边看数据。非营利组织的从业人员需要对项目数据有同样的实时所有权和便利使用权，这与过去的模式非常不同。

▶ 数据需要在第一线工作人员手上。相关从业者需要获得一定的数据来帮助自己推进、解释这些项目，如街头的社会工作者、社会变革组织的评估负责人、亚利桑那州凤凰城的垃圾车司机，等等。我们需要把数据放在他们手里，而不是放在一些第三方的研究公司，因为这些公司与社区的实际工作联系不大，他们也没有紧迫感。

▶ 将利益相关者聚集在一起。如果你有好的数据，有很多人都会关注。但是，如果没有买进，那就无所谓了。让来自不同组织的人分享这个数据信念，来解释它，确定它的影响，并在未来的行动上保持一致。这就是杰夫·埃德蒙森在创办共同奋斗企业之初所做的，珍妮弗·布拉茨正在进一步扩大这一做法的影响。

▶ 确定"旅程中的里程碑"。尽可能明确沿途的具体进展——与最终结果有关的贡献指标（例如与低年级阅读有关的出勤率），公布这些趋势和目标。此外，想想埃德蒙森和共同奋斗组织以及宝洁公司的约翰·佩珀对埃德蒙森说的话。我告诉我的朋友们，非营利组织使用数据的方式与营利性机构90

天中的89天里所做的都一样。非营利组织没有季度收益的"围栏",但其他89天使用数据的方式都是一样的;我们寻找"信号""仪表盘"、指标,来指示我们的工作是否正朝着正确的方向发展。

▶ 必须要有共同的所有权和共同的创造。需要通过持续的、真实的社区参与来建立对数据的共同认同和信念。这不是可有可无的。我们不再为了社区的蓬勃发展而独自去做一些社会工作;我们与社区人员一起做所有的工作。这现在看起来很平常,但这是一个真正的巨大的变化。参与的人必须在人口、种族和民族方面具有代表性。这样做所产生的长期变化是会具有革命性的。

如果你想研究一个试图帮助整个部门获得准确的数据和可靠证据的组织,请看看比·沃恩在证据工程组织的工作。该组织的目标是建立一个更健康的证据系统,使所有利益相关者受益;最重要的是,它要惠及更大范围的社会群体。证据工程组织正视上述的许多方法——将合规性数据转变为由社区驱动的数据,将静态的证据转变为持续性证据,将数据由第三方拥有转变为由在第一线从事实际工作的人拥有。

如果你想研究一个正确处理数据的项目,请查看社区解决方案组织的"为零而建"活动。如果你因此为我冠上"罗珊娜·哈格蒂粉丝俱乐部的负责人"的头衔，那我愿意接受。他们的策略是进行社区层面的测量，看经历过无家可归的具体个人的总数。社区会迅速测试新的想法，以了解这些解决方案是否有效。他们使用全面的、实时的、实名制的数据，因此他们能够实时了解每一个有名有姓的无家可归的人的经历。比利·比恩（Billy Beane）曾使棒球运动发生了革命性的变化，有篇名为《金钱球》的文章讲述了他的故事，他为罗珊娜团队所做的工作感到骄傲，也很钦佩他们。

跨越界限

尼科莱特·斯塔顿

本书许多关于数据的事例都是围绕数据不仅是一堆数字这一主题进行论述的。尼科莱特·斯塔顿（Nicollette Staton）的事例是关于如何有效地发挥数据的说服力的。拥有数据和数字是一回事，但知道如何使用它来领导各部门和同事是另一回事。斯塔顿横向地使用数据。

她是辛辛那提市的CPO，也就是首席绩效官。她从一个核心理念出发开展工作，即"数据赋予领导者权力"。我们知道，并不是每个市政领导都能相信这一点……就目前而言。在

第五章中，我们谈到了这样一个观点：在你被迫展现出真实性和透明度之前，你最好主动做到这两点。对于数据来说也是如此。

让我们来明确一下：在领导岗位上的人，如果不相信数据，没有坚定的信念，不愿意对数据（无论好坏）保持100%的透明度，就不是21世纪20年代的真正领导者。他们害怕数据中的真相。这种描述并不适合斯塔顿。她是一个年轻的领导者，一个新兴的重塑者。

她有一个在整个组织内扩大数据信念的策略。她的最终目标是让数据被广泛采用和接受，这不是一夜之间就能实现的。在斯塔顿的案例中，她的工作要涉及辛辛那提市的26个部门。她正在将她的工作和城市的数据插入每个"筒仓"中。这是一个关于在各部门之间建立信任，并最终打破"孤岛封锁"的事例。

辛辛那提市与其他市政府没有什么不同。有很多部门专注于自身实时、日常的工作，他们必须这样。数据和像斯塔顿这样的领导者可以一同成为将良好的工作联系起来的黏合剂。但这需要一种深刻的信念，因为在任何城市里做到以上这点都是不容易的。

斯塔顿和她的团队全力以赴推进数据应用和绩效管理。他们在这方面取得成功的一个关键是，为各部门提供内部数据咨询服务以及利用团队的创新部门提供全方位的支持，不仅帮助各部门建立数据系统，而且制定政策和实践操作方法，帮助他们达到他们之前承诺的由数据驱动可达到的结果。

要从更简单、更容易解释的数据开始着手。首先要建立信任，然后再处理更复杂和一些需要解释的数据。随后继续建立信任。随着时间的推移，向他们展示数据如何能使他们成为领导者。接着还要再建立信任。和我所接触的人一样，斯塔顿的案例也有这种循环往复、不断加强的动力，即用数据建立信任，然后再不断地增强信任度，最终形成临界质量并改变整个文化。

辛辛那提市有一个强大的企业数据仓库，与全市两百多个数据源相连，所以工作的范围只能以较为缓慢的速度进行。什么时候这种建立在数据上的信任最重要？是当危机来临时。2020年3月13日，辛辛那提市暂停了斯塔顿团队的正常运作，并重新部署了他们在过去五年中建立的技能组合和关系，以应对影响该市公共卫生安全的新冠肺炎疫情。俄亥俄州的德温（DeWine）州长是美国在州一级上早期的模范领导者之一。他没有把疫情的应对政治化；他依据数据做出决定，我怀疑这是全俄亥俄州的每个城市都能做出理性反应的背后原因，包括辛辛那提市。

辛辛那提市不仅在内部，而且在与外部合作伙伴展开基础工作的过程中，都能使关键岗位的领导者能够依靠数据和程序来应对前所未有的紧急情况。能够真正坚定以数据为信念的领导者不只能在"正常"时期建立一个比较强大的组织，还能使组织在危机来临时有更强的适应力并做好准备。没有人知道未来10年会发生什么，但我们知道未来不会是一帆风顺的。我们确实知道，未来将需要对数据有共同信念的人。像斯塔顿这样的领导者，他们知道如何将数据转化为信任。

坚定以数据为信念的劣势

数据是很好的东西。但是，你需要用好数据——是的，你可以犯错，但不能太多，也不能太频繁；正如我们所知道的，外面有很多虚假和错误的信息，所以确保数据被普遍理解是一个持续的挑战；还有，一旦你走上数据驱动的道路，就不能回头了。这些原则说起来很简单，但要在生活中长期实践这些原则就不简单了。在这五大特质中，坚定以数据为信念的潜在弊端似乎是最明显的，所以我们不会为了填满页面而赘述这个观点。

帮助像费利佩这样的人茁壮成长

珍妮弗·朴（Jennifer Park）是那种你见到她就会觉得她几乎可以做任何事情，而且都能做得非常好的人。她是"什么对城市真实有效"组织（What Works Cities）的鉴定和社区主任。该组织通过使用数据和证据来解决紧迫的挑战，帮助地方

珍妮弗 · 朴

政府改善居民的生活。她的案例的重要部分不是她所使用的数据，而是她如何使用，并帮助他人使用数据，以帮助他们成为更好的领导者。

我并不是说数据在过去并不重要，它在很长一段时间内都很重要。我在这里要强调的是，数据现今如何成为一个越来越重要的领导力工具。这种重要性在未来几年内只会进一步增加。

朴有着独特、宽广的视角，因为她看到数据在全美国的城市和城市领导层中的应用。以下是她看到的一些用于领导的重要原则：

> ▸ 数据创造一致性。数据为组织上下的每个人提供了做出明智决定的机会。
>
> ▸ 数据揭示失败的原因。有了数据，你可以展示你如何尝试、如何失败，以及如何再次尝试，这比你没有数据要有效得多。
>
> ▸ 数据促进了分类。这样做可以凭借数据帮助自己做出更好的决定，不过也更容易地暴露出决定的弊端。
>
> ▸ 数据促进参与。数据使公民能够更好地、更切实地参与到领导者的决策中去（见比 · 沃恩和费城学区的案例）。

　　朴还提出了一个很好的观点。在一个公共实体的文化中，对数据的支持需要来自组织的高层和底层，从市长到数据分析员。数据能够发挥的主要作用是使社区发生真正的变化。迄今为止，已有13个城市获得了詹妮弗的组织——"什么对城市真实有效"组织的金牌或银牌认证，这是对那些拥有合适的决策人员以及正确的决策流程和政策并且将数据和证据置于决策中心的组织的认可。

　　想一想，在洛杉矶这样的城市，这样高效的数据与"社区解决方案"这样的组织进行战略的结合会产生何种效果。这些类型的数据和领导者，如珍妮弗·朴和罗珊娜·哈格蒂，正走在一起；他们正在融合。这需要时间，而有一天它将会带来巨大的改变。

　　朴和哈格蒂已经帮助几十个城市更积极地拥有和使用他们的数据，而所有这些市政工作的累积效应正在不断提高美国城市的数据质量、透明度和可用性的标准。这是一件大事，而且会越来越重要。

　　城市要想在棘手问题的解决上取得真正的进展，当然要更有勇气面对失败——无论是在组织内部的工作中，还是在与外部伙伴的合作中。对于那些有勇气、有决心、有真知灼见的市长和城市管理者来说，数据可以使他们有能力做一些明智的冒险——像我们的重塑者这样的真正的领导者在未来几年不得不为我们的社区承担这种风险。像朴这样的重塑者将赋予所有其他领导者这种特质。

关于以数据为信念特质的未来领导者，我们需要知道的8件事

1. 一旦你进入开放和透明的数据世界，你必须继续前进。这里没有回头路可走。除非你准备好了，否则不要开始。

2. 数据将永远是迭代的，很少是静态的。确保每个人都知道这一点，并将其纳入企业文化。

3. 不要让伟大成为优秀的敌人。

4. 数据本身通常是不够的。案例需要数据来支持。你需要两者都有，你需要善于讲述数据的案例。

5. 你必须将数据视为战略，视为领导力的资产，而不仅是重要的战术或数字。

6. 你需要社区对数据的认同。尽可能透明化可以增加集体对数据的所有权和认同感。

7. 确保无论是在领导层面还是员工层面都支持并拥有数据的所有权。

8. 坚定以数据为信念通常与全天候的真实性特质相匹配，并相互加强。

任何一个企业的首席执行官都应该能够提出涉及连接整个组织的数据的问题，能够有效地管理公司，特别是能够对突发事件做出反应。大多数组织都缺少这种将所有数据连接起来的能力。

——蒂姆·伯纳斯—李（Tim Berners-Lee），互联网的创始人

第九章
跨部门的灵活性

当我们的私营机构、非营利组织和公共部门之间的界限和历史规范前所未有地交错和重叠时，跨部门的灵活性就成为一种必须具备的能力，而不是最好能拥有的能力。我的意思不是说跳到另一个部门的项目，然后在你职业生涯的大部分时间里再回到你长期任职的专业部门的"孤岛"中。我的意思是，要真正沉浸在其他两个部门或至少其中之一。

需要明确的是，缺乏跨部门的灵活性并不是说一个人在处理个人事务或职业方面能力不足。我只是阐述了领导者在未来需要具备的重要特质。

跨部门的灵活性往往是将其他所有事务联系在一起的"胶水"。这不仅是一种工作经验，那些拥有这种经验的人能够更全面地看待世界，更能看到细微的差别，具有更广泛的视角，可以做出权衡并创造整体的解决方案。他们不是独角兽，但也是相当宝贵的。

> 桥梁支座在桥墩和桥面之间提供了一个支撑面，连接地基和下层建筑。它存在的目的是允许这两个表面之间发生受控运动。它是整个桥梁结构中最关键的元素，它使不同的作用力具有灵活性，并使之保持平衡。同样，具有跨部门能力的人通常可以让不同的参与者具有一定的灵活性，促进取舍，并有利于把系统和人结合在一起，保持二者之间的平衡。

当我还是个孩子的时候，不存在所谓的合作，就只是拿着摄像机对着朋友指手画脚。但成年后，制作电影时需要能够欣赏你周围的人的才能，并知道你永远不可能靠自己来制作完成这些电影。

——斯蒂芬·斯皮尔伯格（Steven Spielberg）

寻找一个双向的价值主张

2019年年中，我坐在西雅图的一间会议室里，听米歇尔·纳恩（Michelle Nunn）讲述她过去三年的工作经历，她说她毫不费力地跨越了美国公民社会的三大组织（私营机构、公共部门和非营利组织）工作的经历。纳恩是国际关怀协会美国分部（CARE, USA）的首席执行官，国际关怀协会是一家

米歇尔·纳恩

致力于人道主义援助和促进发展的机构。当时她刚从中东回来几个星期，在那里她访问了叙利亚和约旦的难民营。她努力更好地了解国际关怀组织美国分部如何在大规模危机中提供援助（这里指的是新冠肺炎疫情暴发之前的大规模危机）。

她讲述了她与百事公司高层领导的合作，以及他们的供应链和企业知识如何成为国际关怀组织美国分部的重要资产。很自然地，她提到了她与美国国际开发署的互动，解释了政府部门的援助资金如何用于为难民提供帮助以及消除基于性别和种族的暴力。所有这些都是在2014年她成为美国参议员有力候选人之后发生的。当我们步入21世纪20年代时，这种跨越所有三类组织的天生的灵活性是我们的世界所需要和要求的新型领导力。

当我与纳恩进一步谈论她的工作时，我很好奇她是如何学会以她今天的方式工作的。像她这样的人，以及本节中具有跨部门的灵活性的其他人，是如何扮演她演的角色的？她分享了另一个关于行业巨头嘉吉公司（成立于1865年，是一家集食品、农业、金融和工业产品及服务为一体的多元化跨国企业集团）的故事。

嘉吉公司和国际关怀协会美国分部之间有50多年的合作关

系。在20世纪60年代和70年代，二者之间是不离不弃的关系。嘉吉公司购买了大量的国际关怀协会美国分部的包裹寄往世界各地。这些包裹有用、干净、易使用。目前，根据纳恩的说法，国际关怀协会美国分部与嘉吉公司的关系是多层面的，其中一个例子便是嘉吉公司如何利用国际关怀协会美国分部对农民和社区的深入了解，使这些社区构成了嘉吉公司在西非的供应链。这是嘉吉公司利用国际关怀协会美国分部的优势促进自身发展的案例。

国际关怀协会美国分部也会利用嘉吉公司对于全球市场的相关知识促进自身发展，就像与百事公司的合作一样。纳恩表示，如果国际关怀协会美国分部真的想扩大规模，即在全球范围内创造更多的积极影响，减少人类生活中的痛苦，没有像嘉吉这样的私营机构合作伙伴，是无法做到的。简单地说，每个组织都已成为对方的战略商业资产。这在当今已经是不争的现实。

此外，在非洲，国际关怀协会美国分部希望帮助女性农民实现多样化收入并增加收入。如果你需要更好地了解发展中国家妇女赚取更多收入的价值和作用，只需在谷歌搜索中输入这些字即可。

玛氏公司（M&M's，士力架，Milky Way等[1]）从西非采购

---

[1] 这三家企业都是玛氏公司下属的品牌，主要从事食品经营。——译者注

可可。事实上，世界70%的可可都来自西非的农场。就像国际关怀协会美国分部一样，玛氏公司和其他采购可可的公司一直在寻求增长，都致力于提高种植可可的农民的收入。为什么？因为一个强大的可可供应链对于企业的发展是必要的。

在与农民合作并持续提高他们的收入方面，玛氏公司参考了国际关怀协会美国分部及其30年前开创的乡村储蓄和联合贷款（VSLA）模式。妇女们以15~25人的小团体存钱，并从这些储蓄中获得小额低息贷款。然后，她们以她们认为合适的方式使用这些钱——支付学费、开办副业、投资农场。玛氏公司很信服国际关怀协会美国分部的乡村储蓄和联合贷款模式，以至于在2018年，该公司承诺在其西非的可可供应链中推广乡村储蓄和联合贷款模式。我们已经习惯了非营利组织利用营利组织的做法。现在，我们应该换换思路了。

正如纳恩告诉我的那样，一个营利性组织捐赠资金或自愿提供人才援助的确是好事。但真正能激发组织活力的做法是令两类实体的经济利益实现统一。这时，拥有具备跨部门能力的未来领导者就变得非常重要。现如今，国际关怀协会美国分部在世界各地为大约760万这样的人提供服务。问题是，他们希望，不，他们需要，在全世界范围内惠及6000万人。我们现在就需要像纳恩这样真正的跨部门、灵活的领导者。

20年前，纳恩是"牵手亚特兰大"组织（Hands On Atlanta）的联合创始人，这个团体刚成立就催生出了"牵手组织"

（Hands On Network）——其志愿者遍布全美。该组织后又并入非营利组织"光点"（Points of Light），这是一个由志愿者动员组织构成的全球网络，为全世界37个国家的250多个城市服务。她在20多年前就开始学习跨部门的工作经验，这些经验为国际关怀协会美国分部的发展提供了有力的参考。与国际500强企业共同创造互惠互利的全球供应链，是跨部门的灵活性的体现。纳恩的伟大之处在于，像这个案例中的许多重塑者一样，她只是在积累动力。为了重塑美国，我们最好希望如此。我迫不及待地想看到她下次出现在会议室里，不管是在线上还是线下，谈论国际关怀协会美国分部接下来要做的事情。

跨部门的灵活性的定义

词典里对灵活性的定义对我们很有帮助：指的是动作或风格的优雅和轻松。我们今天的挑战并不存在于一个或另一个部门的"孤岛"中，它们跨越了部门。这句话我们已经说过很多次了。早在一代人之前，这三类组织大多能够生活在自己的生态系统中，较少关注其他两类组织。那些日子早已过去，但它确实指出了一个矛盾点。这三类组织一起运行的事实与我们多次谈到的美国的"孤岛化"形成了对比，特别是在第二章。

虽然个体之间相互孤立的情况日益加剧，但解决大的挑战将需要许多领导者减少人们之间相互孤立的情况，拥有更多的跨部门的灵活性。

如果一个私营机构想在经济上获得成功，它的领导者就必须了解如何驾驭公共部门以及他们周围社区的非营利组织。如果一个社会部门试图在一个棘手的社会问题上取得进展，如果他们想取得真正的、持续的进展，就不能没有公共部门的协助。而私营机构现在是一种资产——拥有人力、财力和智力，对于解决非营利组织几十年来一直致力于解决的社区挑战是不可或缺的。所有这些互动都是积极的、相互依赖的良性反馈循环。

文化翻译家

谢丽尔·多西

谢丽尔·多西（Cheryl Dorsey）是新兴社会企业家运动领导者的天然人选。她自己本身就是那样，更为重要的是，多尔西能流利地进行跨部门的交谈和行动。她的父母是他们各自家族中第一批上大学并毕业的人；她在美国巴尔的摩的中产阶级家庭长大，作为一个黑人孩子，她在一个犹太集体社区里和身为浸礼会基督徒的祖母一起生活；她既祝光明节①也过圣诞节。她从哈佛大学医学院毕业后去的第一站是波士顿内城，在多尔切斯特、马塔潘和罗克斯伯里等社区工作。有这样的成长经历，难怪多西自称是一名"文化翻译家"。

特别是在大学期间，她努力调和美国的立国精神与她所看到的白人至上主义的关系。她研究了非裔美国人的历史以及像塔斯基吉梅毒研究这样的可耻事件。她的大学论文写的是关于美国内战前巴尔的摩自由黑人的公共卫生基础设施的研究。从哈佛医学院毕业后，她乘坐地铁到了城市的另一边（同一城市，但天壤之别），创办了家庭房车（Family Van），一个基于社区的流动医疗单位。这些重塑者中的许多人在他们生命的早期就展示出了他们真正的、好的、真实的、有爱心的自我，那时他们往往都像多西一样刚从大学毕业。

大约20年前，社会企业家这个词开始流行起来。在某些方面，社会企业家这一概念是由阿育王组织（Ashoka）的比尔·德雷顿（Bill Drayton）创造的，体现了不同类型组织间的模糊性。如果说德雷顿创造了这个词并掀起了这场运动，那么过去10年间绿色回声组织（Echoing Green）的首席执行官多西则是发展和扩大这场运动的最重要领导者之一。

她曾在白宫工作，并与社会企业家一起工作，工作范围很

---

① 光明节为犹太教节日，从犹太历9月25日开始，为期8天。——译者注

广，从年轻时在突尼斯用创新的耕作方法防治荒漠化，到在美国设计手机App以遏制警察暴力。她指导促进绿色回声组织的加盟者规模在全球范围内加速发展，与阿育王组织的加盟者一起，真正帮助人们改变世界。其中参与者有米歇尔·奥巴马（Michelle Obama）、温迪·科普（Wendy Kopp）、迈克尔·布朗（Michael Brown）和比利·肖尔（Billy Shore）等加盟者以及像全球卫生队、非洲领导力学院和"一英亩基金"这样的组织。而以上这些只是冰山一角。

有些领导者通过经验获得一种特质，有些则通过学校教育获得。在多西的例子中，她的特质来自经验和学习。她的成长经历让她为扮演一个跨部门的角色做好了准备。

她的医学院背景和聪明才智告诉她，大流行病的暴发往往是社会以及健康领域发生重大变化的征兆。在2020年初，这很可能听起来是一个理智上正确但基本上无趣的讨论。在2020年3月及以后，它成为每个人的头等大事。

用多西的话说，美国的这个拐点将使我们"要么走上转型的道路，要么走上部落主义的道路"。

像多西这样的领导者在未来几年将具有独特的价值，因为她深知如何协调自己与这三类组织的关系并与之对话。她在这三类组织都待过，了解这三个部门，能对这三类组织发表意见。她在专业上有极高的成就，在经验上有极丰富的储备。

坦率地说，我们中很少有人拥有像她这样的成长经历。她将其描述为一种"人为的创伤经历"。偶尔会有合适的领导者出现，因为他们在生活中走过的路，不管是有意还是无意，都帮助他们在面对不平等、孤立的美国时做好了特别的准备。她的一生都是在分裂和"孤岛"中生活。而现在，多西成了一名重塑者。

飞鱼

希瑟·雷德曼

我们谈论过的很多领导者的领导力都具有战略性，但其中很少有人比希瑟·雷德曼（Heather Redman）更有战略眼光。她是飞鱼风险投资公司（Flying Fish Venture Capital）的联合创始人，该公司以西雅图派克市场上著名的抛鱼人命名。他们专注于早期的基于太平洋西北地区的人工智能和机器学习初创企业。她专注于积极的变化，以及如何最好地利用自己的优势来实现她所在的地区和自己的目标。她的生活和工作在民间、政治和私营机构都有交集。

也许她的方法中最具战略性的部分是将其中一个领域的专业知识和领导力视为在其他领域的优势。你在一个"山头"占据了有利位置，这可以让你更有效地看到其他的"山头"。雷德曼从政治领域了解的情况影响了她对区域性经济的看法。她的私营机构平台使她能够更充分地看到她在民间部门的积极领导是多么重要。如果雷德曼在一个部门建立了影响力，她就可以利用它进入另一个部门。这就是跨部门的灵活性的本质。她是在下象棋，而不是下跳棋。

对雷德曼来说，这三类组织还有一个重要的交叉点。我们之前在第二章中谈到了人工智能（AI）和机器学习（ML），即技术是放大器。她是一位敏锐地意识到这两种形式的未来科技的潜力的领导者，无论这种潜力是令人敬畏的还是可怕的。这也是雷德曼和团队选择人工智能和机器学习的部分原因。他们知道科技不能再存在于某个真空或孤岛中，特别是当涉及像人工智能这样的技术时，它将在许多方面对我们的世界产生日益深刻的影响，其中的许多方面我们甚至目前还不了解。雷德曼知道这一点，她是那种为了利益可以成为所有这些变革动力的管家的重塑者。

正如我们之前讨论过的，有时这些领导者的早期生活经历预示着他们的未来。雷德曼"在混乱中长大"。她是一个嬉皮士家庭里唯一的孩子，在俄勒冈州农村长大。她从小就必须学会驾驭独特的社会系统和各种各样的人。她了解到，为了生存和有朝一日茁壮成长，她必须学会如何与几乎所有的人相处。如果你浏览雷德曼的领英个人资料，你必须不断地点击，才能看到她完整的经历，这是我见过的最长的经历列表。当你浏览她在私营机构、非营利组织和公共部门的广泛、深刻的经验时，你会感觉她完全具有丰富的跨部门经验的未来领导者的典型特征。

经济效益与社会效益

在新冠肺炎疫情暴发和乔治·弗洛伊德的悲剧发生之前，美国企业的社会效益与经济效益并存的现象还只是一个涟漪。现在，它是一个波浪，并可能很快像贯穿七大洋的洋流一样强大、不可阻挡且恒定。有一种感觉是，资本主义并不适合所有人——甚至很多人。一些人带头相信资本主义没有以应有的方式运作，这有点出乎意料；也就是说，公司的首席执行官没有以应有的方式领导我们运作不太理想的资本主义经济。美国不太理想的系统比全球任何其他经济系统都要"好"，但它没有按照我们需要的方式运作。

现在这个世界上的政府有一点困难，原有的全球治理的局面就要被打破。民粹主义、仇外心理、民族主义……所有这些都在向错误的方向发展。同时，这些问题正在累积。网络安全、金融市场、气候变化……以及新冠肺炎疫情，这些都是全球问题，需要全球协调。我认为，私营机构有责任站出来，填补这一空白，负起责任。我们的确不是由选举产生的机构，但我们确实必须填补这一空白。这也符合企业的利益。越来越多的企业已经了解到了这一点。

——保罗·波尔曼（Paul Polman），联合利华首席执行官

我们所谈到的经济、社会和健康方面的变化已经给我们带来了足够的挑战。让我们为我们未来的领导者必须驾驭的日益复杂的环境再增加一个维度：利益相关者；而不仅仅是股东，资本主义的崛起……也就是说，社会效益和人们（员工、客户、社区）的福祉与利润同样重要，我们需要为此进行开诚布公的对话。

2019年8月，"商业圆桌会议"（Business Roundtable）发表了一份具有开创性的声明。"商业圆桌会议"与世界财富500强CEO的关系网一样强大且相互联系，其中包括沃尔玛、通用汽车、苹果、大通银行，等等，尽管它缺乏你在这本书中看到的领导者的多样性。他们的"企业宗旨声明"对我们而言至关重要。我抽取了一些关键的相关的声明：

美国人值得拥有一个允许每个人通过努力工作和创造力取得成功并过上有意义、有尊严的生活的经济情况……

虽然我们每个公司都有自己的企业宗旨，但我们对所有的利益相关者都有基本的承诺。我们承诺：

> ▶为我们的客户提供价值……

> ▶为我们的员工投入资源，这体现在对员工的报酬公平和提供重要的福利……我们促进多样性和包容性、尊严和尊重。

> ▶以公平和道德的方式与我们的供应商打交道，我们致力于成为帮助我们完成任务的其他大小公司的好伙伴。

> ▶为我们的工作地所在社区提供帮助。我们尊重社区居民，并通过在我们的业务中采用可持续发展的做法来保护环境。

> ▶为股东创造长期价值……我们致力于与股东进行透明的、有效的接触。

我们的每一个利益相关者都是至关重要的。我们承诺为他们所有人提供价值，以促进我们公司、社区和国家的未来成功。

在那里，全世界都能看到它的鲜活色彩，并让他们为之负责。仅仅实现利润最大化是不够的；领导者需要确保他们的组织帮助他们周围的社区。这个私营机构的声明是真的吗？这种怀疑是有道理的，只有时间和行动，而不是言论，才能证明。

财富网站的首席执行官艾伦·默里（Alan Murray）说："我作为记者报道商业新闻40年了，我坚信今天有一些不同的事情正在发生。"鉴于当下的情况，优秀的首席执行官们正在思考和谈论他们对于社会的责任。目前的新冠肺炎疫情可能会加剧近年来困扰西方的社会撕裂现象。在脑力工作者和体力劳动者之间，在受过良好教育的人和受教育程度较低的人之间，以及一线城市和其他地区之间，都存在着巨大"裂痕"。企业将需要在弥合这些"裂痕"方面发挥更大的作用，否则就有可能失去利益相关者的"信任"。

还有一个更有力的潜在观点。这不仅是减少负面影响，而且是关于这可以在解决本书第二部分所讨论的基本经济、社会和健康挑战方面产生多大的积极影响。私营机构在金融和人力资源方面是非营利组织和公共部门所无法比拟的，也永远无法比拟的。私营经济占了美国经济总量的2/3。

而上述资源中的大部分将始终被用于赚取净利润。但是，就算我们考虑将美国资本主义资源中的5%真正用于（并不总是完全用于）上述社会效益，都会产生巨大作用。

在美国日益成为一个更加不平等、孤立的国家时，美国社会的这三类组织都在经历着重大转变；它们之间的界限正在模糊；你不能还停留在自己原有的发展轨道上。私营机构，无论是主动选择还是被动接受，都必须处理很多事情，而不仅仅是追求单一目标和与一群同质化的股东和投资者打交道。在这三类组织的融合过程中，如果我们有那种能够驾驭各种情况的领导者，即具有跨部门的灵活性的领导者，我们就会有巨大的进步空间。

也许我在去年听到的最让我有感触的言论之一是英特尔

（Intel）首席执行官鲍勃·斯旺（Bob Swan）的一席话。那时，他为他的公司和他所处的行业制定了一套宏大的目标，从而减少温室气体排放，发展绿色电力，使当地水源恢复清洁，消除垃圾填埋场废物，打击供应链中的人权侵犯行为，并将领导岗位上的妇女和少数族裔人数增加一倍。

在谈到他为什么要促进实现这些社会目标时，他说："我们说过，要确保让我们的企业宗旨成为我们解决这些问题的风向标。我们所关注的不是我们的产品如何做到最好，而是我们如何确保我们在地球上的生活能够更加丰富多彩。"

以上是来自一位规模非常大的、备受尊敬的、有影响力的私营公司领导者的豪言壮语。10年前，我可以肯定这些话是由一位非营利组织的执行董事或市长说的。5年前，它可能是由一个公司的首席执行官说的，但我不确定我是否会相信这些话。而今天，我充满了希望，这在很大程度上是因为你们在这本书中读到的具有跨部门的灵活性的各种领导者。像斯旺这样的领导者是企业需要，如果企业没有重塑者，企业终将失败。

在这次讨论的最后，还有两位具有几十年商海经验的领导者发了言。先是来自非营利性慈善组织FSG创始人马克·克莱默（Mark Kramer）的一席话：

全球性企业可以在社会进步中发挥领导作用的想法并没有错，问题是它们如何能够以一种现实的方式来产生社会影响并为其股东带来价值。高级别的全球伙伴关系……很少能真正解决问题。这些倡议在这些企业自身的重压下"流产"了。

避免这种命运的唯一方法是，公司要有明确的战略，即在何时、何地、如何形成目标明确的联盟，在与公司业务联系最紧密的特定地区，推动特定问题的解决。

我对其观点的理解是：本地化解决方案对解决全球问题至关重要。重塑者对解决问题至关重要。

也许来自哈佛大学商学院的迈克尔·波特（Michael Porter）在其经典著作《竞争战略》（*Competitive Strategy*）中的精彩论述能带给我们更加深刻的体悟：

实际上，企业能够从解决社会问题中获利。这就是利润真正的来源。让我们以防治污染为例。我们已经了解到，实际上减少污染和排放就是创造利润。这种做法节省了资金，使企业更加高效，能减少资源浪费……在遇到一个又一个问题后，我们开始了解到，在社会效益和经济效益之间，我们并不用做取舍。

另一个问题是健康。我们发现，员工的健康是应该被企业珍惜的东西，因为健康可以让这些员工更有生产力，能够让他们来工作而免于误工。更加深入的工作、新型的工作以及关于商业和社会问题之间交互影响的新思维，这三者之间实际上存在着基本的、深刻的协同作用。

完全对齐

苏西·索萨

在我写这本书的时候，我通过电子邮件向苏西·索萨（Suzi Sosa）征求过一些建议和反馈。在与她谈论跨部门的灵活性时，她在一封邮件的最后说道："我在哈佛大学肯尼迪学院完成了研究生学业，然后去了美国商务部工作，我工作的第一天是2001年9月10日。在这之后我进入了创业的世界。然后运营了多个非营利组织，继而去了学术界，然后开办了一家社会企业。在每一类组织中都要有亲身经历，而不是在没有亲身经历过的情况下就认为所谓的公司、非营利组织或政府无能，这样会有很多收获。"我想，也许我不应该只是寻求她对这本书的建议，也许索萨应该在这本书里出现。

她的经历使她达到了专业清晰的境界，使她能够在跨部门的几乎每一个维度真正做到极致灵活。她基于许多重塑者的共同做法在几年前创立了属于自己的营利性公司Verb[①]；也就是说，她创建企业首先是为了表达她的价值观。

索萨的个人使命是："帮助人们发现以前没能发现的可能

[①] Verb是一家与跨国公司、基金会和政府合作举办大量社会创业竞赛的社会企业。——译者注

性，并唤醒人们。"对她来说，Verb是一个促进人们学习和发展的平台，能够让人们发现，"对任何人来说，一切皆有可能，包括工作和生活其他方面的新模式"。这种将经济效益与社会效益相结合的做法堪称典范。

以价值观为导向的经营模式，加上她的广泛经验，使她成为一位完美的跨部门领导者。她的价值观使她无论身在何处都能保持清醒，她的经历使她学会了将员工、客户、投资者和社区视为利益相关者。她认为她的权力来自这些利益相关者的集体选择，而不是因为她有了某种头衔而被赋予的相应权利。我一直认为索萨也是一个特别的、非常可靠的、极其真实的人。

耐心地不耐烦

马奇·巴斯克斯

马奇·巴斯克斯（Madge Vasquez）对这三类组织都有所涉猎，在她的职业生涯中，许多时候都需要同时涉及两类或三类组织。在全球性咨询公司埃森哲（Accenture），她专注于公共部门的客户。在美联银行，她的工作重点是社区发展。现在，她是得克萨斯州奥斯汀市使命资本慈善咨询集团（Mission Capital）的首席执行官，她把她在私营机构学到的有关咨询服务和领导力发展的工作经验带到了那里，帮助人们建立更强大的非营利组织。

也许她人生中最重要的一站是在得克萨斯大学林登·约翰逊公共事务学院攻读公共管理硕士学位。因为她的父母和祖父母都是农场工人，所以她自学了有关制定政策的课程。她知道政策的变革是多么重要，因为这给像她的家人和她自己这样的人提供了她的父母从未拥有的机会。她是家里第一个上大学的人，她从未忘记过这一点。她所做的一切都是为了回报她的父母。

当我问她在这三类组织工作了这么长时间学到了什么（而且往往是同时跨多个部门工作）时，她的回答很完美："学会了耐心地不耐烦。"她需要将自己在非营利组织工作时的紧迫感、在私营机构的工作速度以及公共部门稳定的，甚至缓慢的变革进展特点结合起来。

对巴斯克斯来说，处在这三类组织的交叉点上，了解每类组织的来龙去脉是非常自然的一件事。她说这是一个"令人难以置信的旅程，不断扩充她的'工具箱'"。她最近的工作是突破系统性障碍，让更多的有色人种进入到领导层。她在以前的职业生涯中所做的一切似乎都与她接下来要做的事相契合，使她能够从任何角度推动并领导变革。像巴斯克斯这样的领导者，以及她对增加有色人种领导者占比的倡导，不仅在2020年很有意义，而且对21世纪20年代也至关重要。

跨部门的灵活性的弊端

也许这就是最好的总结：让这三类组织有效地、可持续地互动并相互融合，仍然有点像"狂野的西部"。我们仍在通过反复试错来学习。现在，我们正在将这三大类组织融合起来，当一个类别的组织失败时，其他两类组织可以更深刻地感受到其后果，因为一个动作会在所有三类相互关联的组织中产生连锁反应。这些组织间的联系越多，它们之间的相互依赖性就越强，有可能是积极的，但也有可能是消极的。

在过去，当几类组织之间的关系较远时，如果一类组织出了问题，至少有来自其他两类组织的制衡以及保障机制。现在，随着三类组织间的界限越来越模糊，当失败或腐败同时发生在这三组织中时，其影响就更糟糕。但总的来说，这种界限模糊是一种非常好的状态，特别是在我们拥有像书中提到的重塑者那样具有跨部门的灵活性的领导者时。

这年头还有谁真的想竞选公职

下面这个人就像其他领导者一样具有跨部门的灵活性。最重要的是，他现在正在竞选加利福尼亚州的参议员。乔希·贝克尔（Josh Becker）竞选公职的挑战之一是传达他广泛的跨部门经验的价值和意义。也许这并不令人惊讶，一些大部分时间

乔希·贝克尔

都在一个部门工作的人并不总是能看到跨部门工作的人的价值主张。

在2020年的竞选活动中，在许多拥有几十年当选经验的候选人中，初入政坛的贝克尔通过展示自己在众多部门和议题中大量而具有突破性的成就，在最后作为问题解决者在众多政客中脱颖而出。

让我们快速了解一下贝克尔的背景。他之前一直在私营机构工作：他取得了工商管理硕士学位，同时是一家从事清洁技术早期投资的风险投资公司的联合创始人，也是一家法律科技加速器的创始人。在那时，他对社会事务的关注就已经显现出来了。他在非营利组织中也是如此：贝克尔是循环基金（Full Circle Fund）的联合创始人，这是一个资助非营利组织和培养公民领袖的慈善组织。他是斯坦福大学董事会成员项目的联合创始人，该项目培训了数千名学生在非营利组织的董事会任职。

最后不得不提一下他在公共部门的工作经历：他曾为加利福尼亚州的劳动力发展组织工作，是加州大学默塞德分校的受托人，也是圣马刁县儿童保育合作委员会的委员。这个人几乎做过每类组织的工作。

他竞选州参议员的初衷，很可能是为了应对气候变化和教

育等关键挑战。贝克尔的跨部门能力意味着他可以在任何一类
组织——公共部门、私营机构或非营利组织——的"大本营"
中真正致力于应对这些挑战。他让我想起了理查德·吴和阿兰
尼斯·瓦拉瓦尼斯的无组织领导思维。他也是团队的一分子,
知道如何跟不同的人说不同的话,知道哪些重要特质是丰富
的,哪些是缺失的。他是团队中的"黏合剂"。让我们专注于
他在应对气候变化方面的经验,以及给我们带来的启示。

▶在私营部门,他创立了首批专注于清洁技术的风险基金之
一,在此过程中他看到了各种成功和失败的案例,并且还是《清
洁技术公开赛》的董事会成员,这档节目相当于专注清洁能源
技术的《创智赢家》(是美国广播电视台的发明真人秀节目,该
节目是一个提供给发明创业者展示发明和获取主持嘉宾投资赞
助的平台)。

▶在公共部门,他与合伙人共同为奥巴马创立了"清洁技术
和绿色商业领袖"组织以及"清洁经济网络",让清洁能源商业
领袖参与公共政策并为倡导清洁能源议程的人提供支持。这一努
力部分是为了解清洁能源在哪里以及为什么要在全美范围内得到
普及。在我的家乡艾奥瓦州,那里现有36%的电力来自风能。

▶在非营利组织,他是循环基金(Full Circle Fund)的联
合创始人,该基金部分投资于促进环境可持续发展的非营利组

织，其中有些组织的工作是有效的，有些则不是。作为早期的受赠者之一，"电网替代者"组织（Grid Alternatives），现在是全美最大的非营利性太阳能设备安装商。另一个受赠方是"加州绿色城市"组织（Green Cities California），这是一个致力于让加利福尼亚的城市分享最佳实践成果的组织。

在棒球比赛中，"五项全能手"（five-tool player）被用来描述一种非常独特的球员，他们能够在五大方面都表现得很出色：速度、投掷、防守、击球、力量。贝克尔是一名"五项全能"的重塑者，他已经准备好以最好的状态帮助我们应对21世纪20年代在社会、经济和健康领域我们将面临的挑战。

并非总是最佳时机

迈克尔·纳特

迈克尔·纳特（Michael Nutter）在1987年9月拿到了美国证券经济人执照，成了一位投资银行家，也就是在1987年10月19日"黑色星期一"之前的几个星期，当时股市在一天内下跌了22.68%。这仍然是美国股市历史上最大的一次单日下跌，跌幅相当大。

紧随其后的是2020年3月16日，当时下跌近13%。

纳特被选为费城市长并于2008年1月上任，当时正值2008—2009年的经济危机。你可能想密切关注纳特的下一个重大职业行动，看看是否有机会卖空，但千万不要"卖空"纳特。

纳特在投资银行这种私营机构工作过；在他的家乡费城的公共部门担任过许多职务，包括市长；他还参与了许多非营利性组织，包括"城市联盟"（Cities United）和"什么对城市真实有效"组织，这些组织致力于解决包括教育、公共安全和可持续发展在内的挑战。是的，我想你意识到了，他是跨部门、全方位发展的。在他2008年上任费城市长之前，他的跨部门灵活性可能从未接受过任何压力测试。

在他赢得选举后，他很快就面临着4.5亿美元的5年期财政预算赤字。一个月后，即当年的10月，赤字上涨到了约为7亿美元（或多或少有几千万美元的误差）。而到了那年秋天费城飞人队在世界职业棒球大赛中获胜和奥巴马总统当选时，费城的赤字估计为14亿美元。正如我们很多人在观察2020年春季的美国各城市和各州时了解到的那样，他们不能像联邦政府那样用印钞票的方式处理财务亏空。市长和州长必须量入为出，他们必须平衡预算。"公私合作是拯救我们的关键手段"，纳特告诉我。其中，"公共"指的是政府和非营利组织。更准确地说，这是一种公共部门-非营利组织-私营机构合作伙伴关系，但这实在是太拗口了。

他的跨部门的灵活性不仅体现在"小"事上，如与费城飞人队合作，开放五个户外滑冰场，并将其移交给美国国家冰球联盟（NHL）的球队经营，还有一些大事，如削减成本和关闭一些公立学校，同时不让学生在受教育方面受到损失（关于这类工作的更多信息，请参见比·沃恩的"坚定以数据为信念"部分）。顺便说一下，在同一时期，费城的凶杀案减少了30%。

在他的任期结束时，费城出现了预算盈余，因此，费城的信用评级被三大信用评级机构提升到了A类，这是20世纪70年代以来的第一次。扭转近5亿美元的赤字，需要领导者具备极强的跨部门能力。不仅要生存，而且要走出困境，让城市有机会茁壮成长。纳特对这一目标的总结是"这玩意……很难"。

美国正在走入一个充斥着巨大赤字的10年。已经开始取得进展的学校现在将严重受挫。我们将不可避免地需要所有三类组织协作，这是我们以前从未做过的。我们不可避免地需要这三类组织以前所未有的方式协同工作。我们需要曾经经历过三类组织协同工作的重塑者，他们所拥有的坚定的意志和丰富的经验可以让我们在这条难以想象的复杂道路上前进。

每隔一段时间，在与这些领导者的交谈中，他们会在他们的事例中增加一些新内容。有时这些补充内容符合主要叙事，有时可以作为独立的案例存在，我们都可以从中学习到相应的领导力或人生经验。纳特在成为费城市长之前的生活可以用"坚持不懈"四个字概括，他知道我们每个人"当年"是谁并不决定我们以后将成为谁。

在他担任市长之前，他曾参加过市议会的竞选，但失败了。在那次竞选中，他的车坏了，他需要从朋友那里借车。在那次失败的竞选结束时，纳特归还了汽车，但在过程中发生了很多意外，例如车里的收音机被偷了，随处停车造成了高达1000美元的罚单，这些意外纳特并未在还车前处理。在那一刻，没有人会认为他在未来会成为市长，对其他人来说是这样，也许对他自己来说也是这样。

最后我想强调一点：正如我以前说过的，许多这样的重塑者在生命的早期就开始显现出各种特征。但纳特进入这种角色所花费的时间比别人更长。他笑着对我说（带着费城人深沉的笑声）："没有任何人，我是说以前绝对没有任何人，会说我这家伙有一天会成为市长。"因此，没有什么宿命。我们都对自己走的路以及成为何种领导者有决定权。我们有我们自己的道路，而且每条道路都是独一无二的。只要知道，无论你的道路如何，我们的国家都需要你。我们需要具有5个重要特质的领导者，来重塑改造孤立的、不平等的美国。我们需要那些准备好推动变革的重塑者们。

关于具有跨部门的灵活性的未来领导者，我们需要知道的5件事

1. 他们有足够的智慧和经验，认识到真正的价值交换现在是在三类组织之间双向进行的：公共部门、私营机构和非营利组织。

2. 跨部门的领导者能够在需要的时候保持灵活，但他们总是有坚实的基础。

3. 在这个过程中，大概他们必须要成为许多层面上的沟通桥梁官——在语言、文化、权力等方面。

4. 在未来10年，跨部门的灵活性可能不是最独特的特质，但可能是5个重要特质中最不可或缺的。

5. 最好的跨部门领导者会主动在他们最熟悉的领域之外寻找新的战略、工具和经验。

音乐剧是戏剧表演，最后的合作者却是你的观众，所以你必须等到最后的合作者融入进来，才能完成整个合作。

——斯蒂芬·桑德海姆（Stephen Sondheim）

第四部分

案例研究：过去、现在和未来

重建美国的桥梁有时会需要修复桥面或上层建筑，重新建造部分下层建筑，以及更换桥桩或桥梁支座。重建美国的经济、健康和社会基础将需要我们动用自身拥有的一切资源，因为我们重建的不仅是部分结构，而且是"整座桥"。

重建并不怎么吸引人。对大多数人来说，建造新的事物更令人兴奋。很多人都想在校园里建一栋冠以自己名字的建筑，但很少有人愿意为一栋建筑的维护或改造提供资金。人们喜欢举行剪彩仪式，但不会聚集在建筑物周围庆祝其维修。

这需要领导者（包括个人、团队、公司、社区）具备本书提到的所有5种特质，以充分解决手头的问题。所有这5种特质协同发挥作用，部分原因是它们能够相互平衡，而且你需要你的团队里存在所有这些特质和灵活性以促进积极的变革。你不能把这5种特质中的任何一种拿掉，就像你不能试图把你修复的桥梁上的某一部分拿走一样。

为了说明当这5个重要特征和像这38个人一样的重塑者结合在一起时会产生什么影响，让我们看看3个案例研究：当事情没有按计划进行时的回顾性案例；当前成功的回顾性案例研究；对可能发生的情况的前瞻性、假设性案例研究。本书的目的不是要讲述3个完美的故事，而是要说明重塑者的5个重要特质是如何在社区和企业变革中发挥开创性作用，以及对我们的生活能带来何种启示。

回顾性案例研究一：目标落空了

　　让我们来看看西雅图的无家可归问题。正如我在一开始所说的，无家可归问题是一个直接影响到非营利组织、公共部门和私营机构的挑战。它影响人们的生活质量、公共安全和经济发展。作为一个在西雅图市中心工作了17年（其中12年是在贝尔敦地区，后5年在先锋广场）的人，我处理过这个问题，这是一个事关社区和企业的问题，无论从哪个角度来看，都不可否认地越来越严重。无论你的观点或信仰如何，在过去的10年里，西雅图的无家可归者泛滥的现象已经成为这个城市的自尊、人性、经济和未来的一道伤疤。

　　让我们来谈谈这5个重要特质是如何产生的。2005年，美国联合劝募协会金县分部的许多善意的、聪明的、有责任心的、有勇气的人公开表明想要领导"终结无家可归问题的十年规划运动"。当你读到这里时，请记住，受到新冠肺炎疫情的影响，估计无家可归者在2021年将增长多达40%（作者撰写本书时为2020年）。这里是2005年9月19日由一些优秀人士签署的15284号法令的首页：

金县

签署报告

2005年9月19日

第15284号法令

拟议：第2005-0371.1号

提案人：帕特森、兰伯特、埃德蒙兹和菲利普斯

　　为执行结束金县无家可归现象的十年计划，该法令根据州法律指定"结束无家可归现象委员会"作为向当地无家可归者提供帮助的住房工作队，并指定该机构协调和监督上述十年计划的实施，接受支持十年计划的初步县级行动计划，并承诺县卫生、民政、立法及司法部门将与"结束无家可归现象委员会"合作，以实现十年计划的目标。

　　10年后，在2015年5月2日，他们发表了一封公开信，值得称赞的是，他们坦率地说："尽管我们的社区致力于实现消除无家可归现象的愿景，但这个问题现在已经变得相当糟糕。我们一直在与我们无法控制的局面做斗争。我们也一直在努力改变我们的方法和重新调整资金配置以实现我们的愿景。"

　　我在这里提供一个从其他人那里听到的观点，我认为重塑者的重要特质可以为金县和周围地区带来不同的结果。

让我们从最明显的地方说起。我们知道这需要有坚定以数据为信念的领导者。在这一为期十年的活动中，他们关注的确切数据是每年中固定的一个晚上的实时计数。这在当时是标准做法，但这是远远不够的。在随后的几年里，问题变得更加复杂，尤其是在西雅图这样的住房市场。不管周围的经济情况如何，他们都没法得到准确的数据。

毫无疑问，他们一开始就试图通过跨越部门让每个人都参与到解决方案中来。但是，没有人可以只是看一下所发生的事情就说我们为金县做了正确的事情。非营利组织至今仍在提供公益服务方面过于"孤军奋战"。有一些公共部门和私营机构的合作正在进行，但所有三类组织很难实现通力合作。时至今日，仍然没有。跨部门的灵活性仍未实现量变到质变的转变。

说到他们解决复杂性问题的能力，我承认我下面的观点部分是猜测，是一种假设。美国联合劝募协会的领导层是乔思·F.（Jon F.）和文森·M.（Vince M.），最初委员会的联合主席是亨伯特·阿尔瓦雷斯（Humberto Alvarez）和丹·布雷特勒（Dan Brettler），两个主要签署人是哈里·菲利普斯（Harry Phillips）和罗思·希姆斯（Ron Sims）。他们中的每一个人在他们自己的生活中都是非常成功的。但他们有一个共同点——他们都是男人。下面是第15284号法令的最后一页：

第15284号法令

H.社区和民政部应向县议会提供"结束无家可归现象委员会"的年度报告。

第15284号条例于2005年8月29日提出，并于2005年9月19日由大都会金县议会通过，投票结果如下：

赞成：13票。投票人包括菲利普斯先生、埃德蒙兹女士、冯·赖夫鲍尔先生、兰伯特女士、佩尔茨先生、邓恩先生、弗格森先生、哈蒙德先生、戈塞特先生、黑格女士、伊伦斯先生、帕特森女士和康斯坦丁先生。

不赞成：0票。

弃权：0票。

主席：哈里·菲利普斯

见证者：安尼·诺里斯

华盛顿州金县议会

2005年9月29日上午9：52

该团队里当然是有女性的，是在工作人员和委员会中，但最初可见的主要领导者都是男性。不难相信，在制定最初的战略时，团队里没有足够复杂性强女性。我没有办法证明其中的因果关系，而且我相信有很多结果会与我的观点相矛盾，但这其中必然有一定的相关性。

说到这些领导者的全天候的真实性，我一点也不曾怀疑过。再说一遍，我很了解这些领导者，他们都全身心地投入。他们有勇气以一种前所未有的方式来解决这个问题，他们值得所有的赞美。

当谈到足够的慷慨的心态时，我就没有太多可说的了。

2005年，执行该计划的团队中至少缺少这5种特质中的3种，这至少部分解释了该计划失败的原因。毫无疑问，那10年间房价的急剧上涨也是导致他们失败的一个主要因素。

如果说看着无家可归问题在西雅图日益加剧令人心碎，那是一种严重的低估。几乎从我们位于西雅图的社会创业伙伴国际化组织的团队在2010年兴奋地搬到先锋广场的新址那天起，这个问题就开始恶化了；已经从当时的"小问题"，发展到了几乎无法收拾的局面。我记得有一天早上我第一次走进我们的办公室（我是第一批进入大楼的人之一，这是一个位于先锋广场南第二大道220号的共享办公空间），我居然发现门廊有粪便，而那是在2012年左右。

在我第一次早上走进办公楼不久，我发现大楼门口躺着一个无家可归的人。此后不久，有一个帐篷出现在门口挡住了我的去路。

我写这个故事的目的不是想要让任何人不好过，只是想讲述真实的情况案例。对于我所冒犯到的金县的任何人，感谢你们令人敬畏的努力，我对我所变现出的任何不准确和可能会冒犯到你们的描述表示道歉。当我们进入21世纪20年代时，我们需要有新型领导者出现在团队中。

我们今天所处的情况与我们在2005年所处的情况相比，其实并没有很大的改变。的确，我们的团队中有很多优秀的人。西雅图的市政府和金县政府在2019年就发布了关于合作解决无家可归问题的公告，截至2020年夏天，我认识的太多的人说西雅图现在的状况与之前没什么两样，这让我们经常陷入困境。我可以看到许多工作已经到位或处于更好的状态，但这还不够，也不够快。

回顾性案例研究二：目标实现了

让我们简单看看"为零而建"活动（成员见图18）最近的一个成功案例：2019年10月在田纳西州查塔努加市结束退伍军人无家可归的状况（见图19）。你可以阅读他们的案例研究，但我们可以从一些团队的主要领导者的话语中了解到他们的5个领导特质体现在哪里。

> ▶ 全天候，真实性。需要有人挺身而出，承认他们并非像大家想的那样在2016年很早地就结束了当地无家可归的状况；当时还未实现无家可归现象"清零"。这要归功于团队最初的领导者，马克·威廉姆斯（Mark Williams）和艾玛·比尔斯（Emma Beers）。

图18　查塔努加市的"为零而建"团队

▶解决复杂性问题的能力。"我们经常会问自己：'我们应该把精力集中在哪里？什么问题会是因为有人面临真正的障碍而发生的？我们在哪些方面缺乏创造性的思考？'"系统性能总监比尔斯说。

▶慷慨的心态。查塔努加市的"为零而建"的指导埃迪·特纳（Eddie Turner）说："通过定期举行'案例会议'的会议，团队变得非常能够团结协作，他们积极地设定目标，并采取全员参与的方式来实现这些目标。"该团队的两个核心人物，温迪·温特斯（Wendy Winters）和凯西·廷克（Casey Tinker）说："各机构相互帮助，采取措施为各方所要帮助的人提供住房。"

▶坚定以数据为信念。在他们达到真正的"零功能性"（"社区解决方案"组织对完全没有无家可归现象的定义）之前的三年多时间里，该市在2016年达到了联邦政府的无家可归现象"清零"的定义。但这还不够，就像西雅图对无家可归现象"清零"的定义在几年前还不够完善一样。这需要每个人对数据有一定的专注力和信念，并以一种新的方式（实时的、针对个体的）来看待数据，从而达到他们的最终目标。

▶跨部门的灵活性。他们让所有三类组织的代表都参加了会议；我们知道，如果会议不能整合各方的建议，就无法实现变革。

活跃的无家可归的退伍军人数量

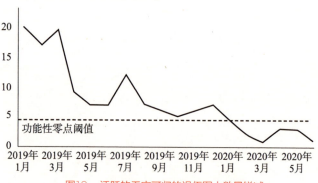

图19　活跃的无家可归的退伍军人数量锐减

前瞻性案例研究三：我们未来的潜力

让我们发挥一下想象力。假设在一个城市或地区有一个几十年来难以解决的社会挑战，一个将被2020年的突发事件大大加剧的挑战，我们该怎么办？让我们以贫困和经济发展为例（特别是在受到最严重打击的城市社区）探讨我们在应对挑战时需要怎样的领导者：

▶ 愿意说明问题、承认问题、站出来反对那些将问题最小化或忽视种族不平等问题的人——像迈克尔·麦卡菲或黛比·利特尔这样的具备全天候的真实性特质的领导者，他们愿意站出来，说出全部问题，同时并致力于推动真正的改变。

▶ 曾在这种复杂的环境中生活和处理过类似问题的人——像珍妮弗·布拉茨和艾丽卡·维兰特这样拥有解决复杂性问题的能力的人，他们在多个州的多个城市工作过，对问题的各个层面都有亲身经历，并且能够集思广益、心无旁骛地共同构建真正的解决方案。

▶ 有能力主持会议，让每个人都参与进来，并确保每个人都能感受到自己在团队中有发言权的人——像塞西莉亚·古特雷斯或阿普里尔·布罗迪这样具有慷慨的心态的领导者，他们在美国各地的社区，包括在迈阿密和洛杉矶一直在这样做。

▶ 会盯着真实、准确的数据并能阐述可以真正解决问题的方案的人——像珍妮弗·朴或杰夫·埃德蒙森这样坚定以数据为信念的领导者,他们在其职业生涯中的许多年里都在与城市和社区合作,知道如何做到这一点。

▶ 具有跨部门的灵活性,能够充分调动非营利组织、公共部门和私营机构的资源,并将所有的参与者聚集在一起的人——像大卫·里舍或谢丽尔·多西这样的重塑者,他们在自己的职业生涯中一次又一次地做到了这一点。

像上述领导者一样的重塑者大量聚集的地方可能是一个大都市,但同样(或更有可能)是美国中等规模的社区,如田纳西州的孟菲斯或俄亥俄州的代顿,甚至是农村地区,如梦娜·金特里所在的肯塔基州的贝里亚县。我们将看到未来会发生什么。

这算是一个"梦之队"。记住,要想取得成功,我们不仅需要有能力的个人,而且需要高效的团队。我们需要所有这些重要的特质存在于同一个社区的团队中。如果没有重塑者,我们就不会取得真正的进展,因为他们能够集合所有5个重要的特质,以此来解决需要跨部门合作才能处理的复杂问题。

最后强调一点,拥有大多数,但不是所有的合适的领导者,就有点像说我们有一辆半挂车,有17个很棒的轮子,但第

18个轮子是我孩子的自行车上的轮子。美国在未来的10年里在经济、社会和健康领域的挑战绝对需要完好的18个"轮子"。如果我们带着"差不多"的装备去迎接挑战，我们就会落空。我们不能在21世纪20年代出现"爆胎或缺胎"的情况。也许这在20世纪下半叶是可以的，但今天是行不通的。而且这样我们绝对无法应对我们在未来的10年里将面临的挑战。

第五部分
我们可能的未来

　　你的社区需要你。这里的社区，指的是你所在的球队、教会、青年团体，以及学校。它们需要你。最重要的是，打造属于你的社区是你改变世界的方式。成为第一代承担你所在社区责任的人：去重塑你的社区。2020年的毕业生们，世界已经改变。你们将决定我们将如何被重塑。

　　　　　　——勒布朗·詹姆斯（Lebron James），2020年5月对即将
　　　　　　　　　　　　　　　　　　毕业的高中生的讲话

　　2020年5月30日，我去西雅图市中心参加了声援乔治·弗洛伊德的示范游行，我对在他身上发生的事情深感悲哀和愤怒。我与那些和我有同样感受的同胞们站在了一起，非常希望这次能看到真正的改变。站在第六大道和橄榄大道的短短五分钟内，警察就发射了好几枚闪光弹。如果你只在电视或在网上看过当时的情景，你无法理解那时我们所能感受到的恐惧和震惊。

　　几分钟后，当我正盯着站在灯柱那边的我的两个儿子时，他们旁边的一个人抓起街道上的钢制垃圾桶并把它推倒，它咣当一声砸在地上，又滚到了十字路口的中间。然后他走到街对面，好像什么都没发生过。在那里，他遇到了两个"朋友"，其中一个人推着一辆小车，车上装满了我在50英尺外看不清楚的东西。

　　他们三人中的一人戴上了防毒面具，另外两个人拿上了各种物品，然后他们就散开了。几分钟后，我看到那个丢垃圾桶

的人沿着第六大道行走，走到了停着三辆警车的诺德斯特姆百货公司前面。他居然在光天化日之下在这三辆警车上涂鸦。他好像不停地向这三辆警车扔东西，或者往这三辆警车里或周围扔东西。几分钟后，三辆警车都着火了。在那之后又过了几分钟，我在15分钟前看到的另外三个人中的一人正在砸街对面的餐馆的窗户。（是的，我把所有的照片都发给了西雅图警察局，这三个白人男子没有一个是为黑人的生活问题做任何积极的事情的。）

我满怀希望来到那里，当时我很乐观，决心要推动变革。但在离开时我感到十分困惑和愤怒。我认为我们很多人满怀希望、乐观地进入21世纪，可当我们来到2021年时却感到万分困惑和愤怒。我们每个人，这本书中提到的领导者和读者以及全美国的重塑者，面临的问题是我们现在要如何处理这种困惑和愤怒。

正在发生的一切——席卷全球的新冠肺炎疫情、令人发指的谋杀和全球范围内的抗议活动、极其重大的选举活动正在加大风险，增加问题解决的紧迫性。这些对一个拥有245年历史的国家（美国）来说都是巨大的挑战。

我们应该满怀希望还是畏缩不前？看到前面越来越严峻的挑战，我们应该感到绝望还是坚定信念？当我们看到重建任务的巨大规模和复杂性时，我们是应该感到沮丧，还是相信我们有能力像美国以前多次那样整合资源进行重建？

在绪论中，我曾说过，我在黑夜为美国担忧，但在白昼根本上是乐观的。这38位领导者是我们感到有希望而不是绝望的首要原因，他们使我们感到变革是有可能实现的，并且使我们相信前方还有路可走，而不仅仅是感到我们最好的日子已经过去，或者我们想回到一些要么从未存在，要么早已不存在的光辉岁月。你在这本书中读到的重塑者们可以接受这一挑战。数以百万计的美国人也是如此……同样，还有你。

近几年来，各州都倾向于采用设计-建造合同来进行桥梁的重建工作。设计和施工团队从一开始就在一起工作。复杂的问题和矛盾在内部迅速得到解决，可以在最大限度上避免项目延迟进行。

由于政府用于基础设施项目的资金非常紧张，继而出现了一种公私合营的融资方式。私人投资者承担融资和建桥的责任，同时也被授予收取过桥费的权利，相信他们会实现良好的投资回报。

新的合同安排和创造性的融资方式被用来以更经济、更快速、更安全的方式修复和更换老化的桥梁。一些重复利用现有资源重建美国桥梁的创造性方法和策略，可以成为指导和告知我们如何重建社区的非常有用的例子。毫无疑问，我们将需要重塑者的所有5个特质，尽可能地利用我们的非营利组织、公共部门和私营机构的有限资源，以建立一座通往美好未来的桥梁。

桥梁的比喻一直是我们的指南。我们正在重建什么样的未来？很明显，我们每天都能看到在我们眼前预演的乌托邦式的未来愿景。但是，关于未来还有其他的可能性，我们的未来还可能是充满巨大的、积极的变革的。

让我们在接下来的三章里通过三个不同的视角来讨论这些未来可能是什么样的：

1. 如何使变革在全球范围内进行，而不仅仅是在美国国内进行？

2. 这种对领导力的思考如何适用于所有三类组织：公共部门、私营机构和非营利组织？

3. 无论作为个人还是集体，我们应该悲观还是乐观？

有的时候，几十年不发生任何事情；有的时候，几个星期内会发生几十年的事情。

——弗拉基米尔·列宁

第十章
在一个后新冠肺炎疫情的世界里

历史上，大规模流行病迫使人类与过去决裂，去重新构想他们的世界，这一次也不例外。它是一个出入口，一个连接一个世界和另一个世界的通道。我们可以选择拖着我们的偏见和仇恨的"尸体"、我们的贪婪、我们的数据库和"死去"的想法、我们"死去"的河流和烟雾缭绕的天空穿过它。或者，我们可以轻装上阵，带着很少的行李，准备好构想另一个世界，并准备好为之而奋斗。

——阿伦达蒂·罗伊（Arundhati Roy），
《金融时报》印度作家

"准备好构想另一个世界，并准备好为之奋斗"。这就是领导者对未来的正确心态，在历史中的很多时代，这种心态都给予了人们更多的动力。美国确实感觉到它在21世纪20年代处在危险的边缘，而其影响远远超出了我们的想象。

在我的一生中，我曾多次到海外旅行，无论是出差还是旅游，我都一次又一次地从新西兰的出租车司机那里，从加拿大的朋友那里，从意大利的酒店服务员那里，在日本的小组讨论中，听到过同样的话这些话的大意是："我们对你们的总统选举比对我们自己的领导人选举更关心。我们并不总是喜欢美国的做法，但我们需要美国。"

在20世纪90年代，美国正处于领先地位，世界正蓬勃地向前发展，一场席卷全球的技术革命似乎使所有事情都成为可能。

我们一直在说重塑者所做的工作无关地缘政治，但未来10年对人类的重要性不言而喻，不仅对美国，而且对我们所处的整个全球社会而言都是如此。

大规模流行病可以催生社会变革。个人、企业和机构已经非常迅速地采用或呼吁采用他们曾经认为可能会拖后腿的做法……也许美国会了解到，准备工作不仅仅是提供口罩、疫苗和检测，还包括公平的劳动政策和稳定、平等的卫生保健系统。

——埃德·扬（Ed Yong），《大西洋月刊》

第十一章
这关系到所有三类组织

"几代人以来，在大萧条之后美国做得最成功的一点是，美国利用公私合营来推动国家的经济扩张，使企业家和公司能够利用'山姆大叔'的长期规划和财政实力得以发展。这是一个不能再被忽视的解决方案。我们现在需要的是自大萧条以来规模空前的公私合营。"人们可以猜到有很多人都可以在2020年写下这句话，但大概率不是巴里·里索尔茨（Barry Ritholtz）。他被广为人知的原因可能是他写的《救市国》（*Bailout Nation*）一书，他在书中谴责了美国政府1980年对克莱斯勒①（Chrysler）、1998年对长期资本管理公司和2008—2009年美国金融危机中对于濒临倒闭的银行的救助。显然，里索尔茨认为我们所处的时代与我们曾经想象的不同。

公私（和非营利）伙伴关系是一个有点像企业社会责任的概念。它们在20世纪80年代和90年代兴起，最初是一种公关活动，然后在21世纪的前10年人们采取一些实质性的措施，尽管效果不佳。而今天，跨部门的伙伴关系将成为许多挑战的解决

---

① 克莱斯勒是美国的一个轿车品牌。——译者注

方案的一部分。让我们看看重塑者是如何与这三类组织建立联系的。我将为每类组织提出三到四条建议，首先是私营机构。

私营机构

▶ 雇用他们。我们在第二部分和第九章的"利润与目的"部分的许多领导者的事例中多次谈到这一点，也就是说，公司与社区的融合程度越来越高。我们正朝着这个方向前进，随着新冠肺炎疫情的肆虐和现如今种族平权运动的深入发展，我们绝不能走回头路。

▶ 公司需要在所有部门的所有层面拥有具有跨部门的灵活性的重塑者。我们不想以任何方式将跨部门的领导者拴在公司里，或将他们隔绝在一个单一的部门里。我们希望他们在所有职能部门中，在整个公司中发挥作用。我们需要跨部门的产品经理、销售人员和分销经理，这样的情况将一直持续下去。有一个团队或领导负责整个社区的整合是很好的，但更有长期价值的做法是将这种思维方式融入你身边所有的人中。这不仅是为了让你有更好的"社区关系"，还将让你得到一个更加高效的团队。

▶ 做正确的事……为了守住底线。无论你是否属于签署了"商业圆桌会议"承诺的公司，都要去实践这些原则。不仅仅是因为这样做是正确的、符合道德的，而且从市场和消费者的角度上（无论是企业对消费者还是企业对企业），如果你不这样做，就会受到惩罚。二三十年前，消费者在做出购买决定时，会考虑到环境或企业的社会责任，这开始成为一种流行的观念。起初，这并不是一个大方向。在过去的五到十年里，它已经成为越来越多消费者在做出购买决定时考虑到的因素。

▶ 展望未来，它可能仍然是一个优势，但我们已经具备了。如果你不遵守这些原则，它将会变成一个拖后腿的因素。以实现利益相关者而不仅仅是股东的利益为目标，是现在的底线要求，而不是优势，如果你做不到这一点，你就不能够长期参与其中。

▶ 把你的职业发展提高到新的水平。在你的招聘、团队建设和职业发展战略中使用这些领导力特征。不要只是让这成为一种理论练习。这些是可以被轻松识别出来的个人素质和技能的组合，你可以将其作为招募新员工的目标，并融入持续的专业发展中。

跨部门的灵活性在私营企业在未来10年内需要培养的所有5种特质中非常重要。

公共部门

▶扮演整合者的角色。公共部门不应只把自己看作一个与其他两类组织合作的政府。它们有独特的机会，在社区中扮演更多的整合者和召集者角色；不是领导的角色，而是整合者的角色，是将私营机构、非营利组织和公共部门结合起来的角色。当扮演这类角色时，非营利组织往往没有足够的规模，而私营机构没有专业知识。公共部门在扮演这一角色方面有其独特的优势，如果他们愿意以有意和谦逊的方式去做。也就是说，运用一些全天候的真实性以及慷慨的心态……

▶钻研数据！像凤凰城和其他获得"什么对城市真实有效"组织认证的美国城市一样，继续全身心地投入对数据的研究中。据我所知，市和县政府可以通过强有力的方式改变公民的看法，但这需要时间。

▶创造属于你自己的事例。书中的领导者已充分展现他们的领导力，你要吸取他们的经验教训，再接再厉。

全天候的真实性在公共部门在未来10年最需要培养的所有5种特质中也非常重要。

非营利组织

▶ 拥抱数据。我并不是说这很容易，这并不容易。像为"零而建"活动和共同奋斗组织这样的实体已经证明非营利组织可以有效地使用数据，而且确实带来了深刻的变化。我们必须对培养非营利组织大规模使用数据的能力进行投资。请遵循我们在第八章列出的最佳实践清单。这里是有路线图的，这不是一条没有导航的道路。

▶ 想得更远。我们不能再以小见大，也不能再从稀缺性出发。不要把这与建立大而全的企业混为一谈，不要忘记要以你所在的当地社区为着眼点。尽管有时听起来政治上不正确，但非营利组织部门太喜爱"孤军作战"了。有太多零星的非营利组织，这使我们无法规模化地应对我们所面临的挑战。明确地说，非营利组织的私营机构和公共部门的资助者也同样各自为政，要想缓解这一局面，也同样有许多的工作要做。

▶ 尽你所能。与其他两类组织一样，利用你所知道的一切。认识到你所拥有的实地的、与社区有联系的资源和信誉，这是公共部门和私营机构所不能持续提供的。专注于人，而不是为他们提供服务的系统。系统应该围绕个人，而不是反过来，这也是大多数情况下的做法。

坚定以数据为信念是非营利组织在未来10年中最需要培养的5个特质中第一重要的。

还有一点值得一提，为了应对新冠肺炎疫情，许多基金会采取了一些独特的做法，以适应当前状况。例如，福特基金会呼吁各地慈善机构进行拨款（在新冠肺炎疫情暴发之前，该基金会的常规做法一直在朝着这个方向发展，并起到了重要的示范作用）。这一呼吁是为了在这场全球危机的负面社会和经济影响显露时，应对其意料之外的情况，以便受资助者能够迅速采取行动，为受影响最严重的社区服务。一些被呼吁和采纳的做法包括以下这些：

▶ 放宽或取消对现有拨款的限制。

▶ 使任何新的拨款项目尽可能不受限制，以便非营利性合作伙伴有最大的灵活性来应对危机。

▶ 积极主动地定期沟通做出的决策及其产生的反应，以提供有用的信息，同时不对受赠伙伴提出更多要求。

▶ 承诺倾听我们的合作伙伴的声音，特别是那些最容易被忽略的社区，让他们的声音更容易被公众听到，让他们的经验得到传播，为公共讨论和我们自己的决策提供信息。

▶ 适当地支持受赠伙伴所倡导的重要的公共政策变革。

▶从处理这些紧急事件的案例中学习，并分享它们在有效的伙伴关系和慈善支持方面给我们带来的启示，这样我们就可以考虑在未来更稳定的时期，根据我们学到的一切，从根本上调整我们的做法。

让我直截了当地说：看在上苍的份上，这些做法无论何时都是正确的。不要走回头路。继续坚持这些"非常手段"。

我们这个时代的双重任务是拯救生命和保障生计——世界各地的政府正在全力以赴地进行这项工作。在税收收入下降的同时，救济和刺激性支出也随之上升到了前所未有的水平。因此，全世界的政府赤字在2020年可能达到9万亿至11万亿美元，到2023年将累计高达30万亿美元。

各国政府将需要找到方法来处理这些前所未有的赤字，而不使其经济陷入瘫痪。正是这一挑战造成了人们对大规模调控的需求：在恢复经济增长的同时解决30万亿美元的赤字问题。我们相信这是可以做到的，但这需要政府和私营机构以前所未有的方式合作，为新的社会契约奠定基础，并开始塑造一个共享、可持续发展的后危机时代。

——麦肯锡公司（Mckinsey & Company），2020年6月16日

第十二章
乐观主义与悲观主义

———◆———

因此，在这个动荡的时代，我们不要说："这不是我们本来的样子。"我们应该问："我们想成为谁？"

——琼·米哈姆（Jon Meacham）

2019年秋天，瑞秋·麦道（Rachel Maddow）因其新书巡展活动来到了西雅图。我和妻子出席了该活动，在座无虚席的贝纳罗亚大厅里，我们坐在靠后的位置。她口齿伶俐，讲话很有说服力，控场能力很强。观众不停地鼓掌、欢呼、尖叫，大厅里的气氛非常热烈，直到最后一个问题。

采访者问她，无论谁赢得总统职位，我们在第二年11月的选举后需要做什么。麦道的回答的大意是："我们都必须跨过过道，跨过栅栏，找到重新工作和生活的方法。"在那一刻，人群中欢呼的声音瞬间变成了充满质疑的杂音，偶尔能听到几声轻微的"倒好"，还有人在礼貌地倾听，但热烈的气氛在一两分钟内就结束了。

麦道是对的。无论我们大多数人觉得经济、社会、健康和政治鸿沟有多大，我们都必须在所有这些鸿沟上重新搭建桥梁。

如果迈克尔·麦卡菲能够夺回他曾经拥有的财富和权力，那么我们就能重建一座"桥梁"，改善经济状况，使低收入家庭成为中产阶级。

如果安迪·利普基斯能够使供水和污水治理以及防洪部门相互协作，那么我们就可以重建"桥梁"，使每个人（而不仅仅是部分人）都能更多地获得健康保健服务。

如果凯西·卡尔文能够使全球各国围绕七大可持续发展目标走到一起，那么我们就可以重建"桥梁"，在美国的妇女权利和种族平等方面取得更多的社会进步。

这些天有很多关于美国在未来10年可能会出现的不同情景的文章。让我来说说下面这3个：

1. 这是结束的开始。本世纪头20年的美国，不平等和群体间相互隔绝的现象一直在继续。就像之前的每一个帝国——罗马帝国、奥斯曼帝国、大英帝国，21世纪20年代是美国在世界影响力和世界地位方面真正走到尽头的10年。

2. 我们浑浑噩噩地过日子。不平等和社会分裂的加剧达到了一个平衡点，这种状态将成为21世纪20年代的常态。我们减缓或阻止了衰退，但我们从未在经济、健康和社会领域遇到的巨大挑战上取得真正的进展。

3. 我们把握机遇。新冠肺炎疫情的严重程度和我们最终走出困境的过程向我们展示了我们共同的人性。疫情给我们带来的恐惧、后果以及围绕种族平等和社会正义的全国性运动并不会转瞬即逝。这个开创性的时刻确实会使美国变得更好。

美国迎接这一重大时机的关键是领导力，也就是这些重塑者在工作和生活中展现的那种领导力，这并不奇怪。桥梁的桥面、下层建筑、桥梁支座、上层建筑、桥墩都需要重建。在未来的10年里，需要重建一个国家。这不仅仅是一个机会或一个高尚的愿望。我们没有选择，我们必须把这件事做好。我们必须有做好准备的领导者来帮助我们应对这些重大的变化。

我们需要20世纪下半叶的经济发展，而不是今天存在的种族和性别不平等；我们需要看到美国在健康保健方面取得真正的进步，而没有过去20年日益扩大的城乡不平等；而且我们需要看到在保障女性和有色人种权益方面美国社会能有更多的进步。

在这个疯狂的、可怕的、混乱的时刻，我们有可能跨越旧的界限，建立新的联盟，重新强调大多数美国人应该在经济上享受公平待遇以及在法律面前人人平等的价值观，并重建一个民有、民治、民享的政府。旧世界无疑正在消亡，但挣扎着诞生的新世界的形态还没有确定。

——希瑟·考克斯·理查德森（Heather Cox Richardson），波士顿学院历史教授

最后一位重塑者的故事

克里斯·格雷瓜尔

这是一位领导者的故事，也是很多领导者的故事，这个时代非常需要他们，需要把自己最好的一面展现出来。在大西雅图地区，如果没有合适的人在团队里，有很多事情可能会变得非常不同。在这一切中，有一位解决复杂性问题的大师。

截至2020年2月29日星期六上午，全美已经有57个患有新冠肺炎的活跃病例。而那些天现在已被称为"过去的好日子"。那是在美国出现第一个新型冠状病毒死亡病例的前一天晚上，这就发生在西雅图市中心以北约50英里处。那个周末，西雅图的新闻正在一个接一个报道少数几个病例："一名40多岁的妇女在某处工作……正在奥弗莱克医院接受治疗。第2个病例是一位70多岁的妇女，住在生命关怀养老中心（LifeCare）。她正在柯克兰的长青健康医院接受治疗，她的情况非常严重。在过去的24小时内，卫生官员已确认该州共有5个病例，包括那位死亡的男子。"

但是，事情并没有开始好转，仍然处于十分煎熬的阶段。

克里斯·格雷瓜尔（Chris Gregoire）是华盛顿州的前总检

察长和前州长。如今，她是"挑战西雅图"组织[①]（Challenge Seattle）的首席执行官，该组织利用其来自私营机构的会员公司在领导力、资源和人才方面的优势，为更大人群的利益寻找解决方案并激发集体行动。

2020年2月25日，星期二，格雷瓜尔要求西雅图的弗雷德·哈钦森癌症研究中心的科学家提供数据。她还不能百分之百确定她在看什么，或者是否相信这些数据。这些数据告诉她西雅图当时的形势非常紧迫，而世界上其他地方的人还完全没意识到这一点。我们离NBA停摆还有两周时间，说实话，这似乎是美国最终"明白了"当时正在发生什么的诱因之一。

那天晚上，格雷瓜尔打电话给她的董事会主席苏珊·穆兰尼（Susan Mullaney），并解释了她正在看的东西以及她对过快分享数据的犹豫。穆兰尼也被惊呆了。以前从来没有人见过这样骇人的数据，而且这绝不是科幻小说虚构出来的内容。你该如何处理那些还没有被人关注，但你很确定它是正确的信息呢？格雷瓜尔说她"有点害怕分享它"。格雷瓜尔州长很少会害怕什么，相信我。这就是所谓的真相时刻。

那一天的晚些时候她的"挑战西雅图"组织董事会举行了例行会议。该董事会由那些对大西雅图地区的经济发展产生巨大影响的公司的首席执行官组成，如微软、星巴克、阿拉斯加

[①] 这是一个由西雅图地区最大的21家企业的首席执行官组成的联盟，致力于推动该地区的发展与国际竞争力。——译者注

航空公司、好市多、华盛顿恺撒等公司的首席执行官。那次会议的出席率达到百分之百。格雷瓜尔和穆兰尼起初对数据有所保留，但随着谈话的深入，她们两人知道她们需要把科学调查结果和数据公之于众。他们都看到了相同的数据，并同意依据科学结果决策。

5天后，即3月1日，董事会召开了所有成员必须出席的周日电话会议。第二天，微软的首席执行官萨蒂亚·纳德拉（Satya Nadella）告诉西雅图地区的数万名微软员工，他们可以在家远程办公。在那之后的第二天，他们坚持要让员工在家办公。那时是2020年3月3日。

几天后，全国很多其他城市和州开始得到同样的信息，但它们之中很少有像西雅图和华盛顿州那样有条不紊地行动。纽约州和新泽西州也未能免遭冲击，因为它们在社会高速运转时突然执行了防控措施，在开始时失去了宝贵的一两个星期的时间，事后证明这代价太高了。

格雷瓜尔是弗雷德·哈钦森癌症研究中心的董事会成员，早在2020年2月25日，她就在看一个几乎不为人知的研究员特雷弗·贝德福德（Trevor Bedfor）的数据，他看起来就像你能想到的一个极品书呆子。在这次大规模疫情暴发之前，贝德福德在生物信息学专家的小圈子里最有名气。他们使用快速基因组分析来监测病原体（如果你知道这意味着什么，你可能读错书了）。目前，他在推特上的粉丝超过25万。

他是最早看到即将发生什么事情的研究人员之一。他的数据模型显示了在2020年1月15日那天看起来很疯狂的数字，3个月后追踪到了大规模流行病的可怕状态。

格雷瓜尔会心悦诚服地告诉你，这完全归功于团队的努力，而且这一成功绝对是必然的。我还知道她在2020年2月25日之后每周工作7天，每天工作15个小时。在接下来的3个月里，她工作的时间加起来大约是1400个小时，给别人买的同时别人也给她自己买了一百杯咖啡。很难想象有多少信息、数据和向量向她袭来。要想知道她当时遇到的情况有多么复杂，只要考虑到以下几点就知道了：

> ▶ 没有参考。她当时在西雅图只能获取到有关埃博拉、SARS和其他病毒的知识，但这次的情况与之前完全不同。
>
> ▶ 来自科学家、商人、市长和州长的不间断、多方的信息向她袭来。
>
> ▶ 开始时需要每小时调整一次，到夏天可能每天都要调整。
>
> ▶ 大量的信息需要整理和分享。

她在这一危急时刻是一位非常合适的领导者。格雷瓜尔解决复杂性问题的能力产生了什么样的影响？可以说是难以想象的。简单地说，华盛顿州在2020年3月的前几周位居全美新冠肺炎疫情病例总数榜首；现在是第27位（截至2020年10月底）。这种计算方法可能会让人觉得有点神经质，但我们是被拯救的人类生命视为衡量其影响力的标准。

我们暂且不要把大西雅图地区与纽约大都会或新泽西州北部相比，因为这两个地区的人口更密集。如果我们看一下马萨诸塞州、罗德艾兰州、康涅狄格州和密歇根州的城市地区——与普吉特海湾的规模和范围相似，它们的人均死亡率是西雅图的4~6倍。到目前为止，西雅图已经失去了大约2300条生命（截至2020年10月底）。因此，做一个简单的计算，格雷瓜尔和她所做的工作以及她的解决复杂性问题的能力拯救了大约5000条人命。

在过去的5年里，我有机会深入地了解格雷瓜尔。她是一个很坚毅的人。对于像她这样的人，我个人的一个"试金石"问题是："我知道他们有一张嘴，他们有两只耳朵吗？"的确，她有。她可以像能够诉说一样耐心地倾听。如果你不这样做，你就不可能有很强大的解决复杂性问题的能力。

在我们最近的一次谈话即将结束时，她告诉我："这是我职业生涯中见过的最棒的公私合作案例。"必须要有极高的跨部门的灵活性，才能做到这样。与特里什·米林斯和梦娜·金特里一样，格雷瓜尔可能是我能看到的最接近拥有所有5个重要特质的重塑者了。是的，她们都是女性这一事实并不是一个巧合。我已经告诉过你了，你最好确保在团队里有女性。而对华盛顿州来说，克里斯·格雷瓜尔就在这个团队里。

后 记

我们都在努力，并将继续努力，使2020年变得有意义。即使在2020年11月1日，我们很可能还没有经历完2020年可能会对我们产生的影响的一半。莱斯利·德怀特（Leslie Dwight）写了一首诗，在2020年的夏天引起了人们的注意：

如果2020年是我们一直在等待的一年呢？

一个如此不适、如此痛苦、如此可怕、如此"生猛"的一年，

它最终促使我们成长。

一个呐喊声如此响亮的年份，

最终将我们从无知的沉睡中唤醒。

这一年我们终于接受变革的必要性。

宣布变革，为变革而努力，实现变革。

这一年，我们终于联合起来，而不是

把彼此推得更远。

2020年在人们心底并没有被抹去，而是

历年来最重要的一年。

这些话对大多数人来说无疑是鼓舞人心的。其他人则认

为，这反映了一种不必像其他人（边缘人群）那样感受到痛苦的特权。德怀特是白人，在她13岁的时候，她得知在她刚出生时就去世的父亲实际上是自杀身亡的。这使她认识到在困难时期坚韧不拔的重要性，因此她的文字是源于她的个人痛苦的。尽管人们在阅读和感受这些文字时可能会受到启发（或没有受到启发），但没有任何五个字比"我无法呼吸"更能说明2020年和我们未来10年的意义。

即使是打出这些字的行为，也让人觉得这把乔治·弗洛伊德在其生命中的最后8分46秒所面临的痛苦和折磨以及其悲惨的结局所带来的震撼降到了最低。除了感到深深的愤怒和悲伤之外，没有其他方式可以让我们感受到弗洛伊德所遭受的一切。但最终也有一种方式可以让人感到坚定。对于一些人来说，深重的痛苦似乎永远不会结束；但同样对于一些人来说，这些话也许将最终开始改变美国的种族歧视现状。

我写这本书不是为了谈论如何解决美国的系统性种族歧视。我没有资格这样做。但我可以这样说：我们在着手解决系统性种族歧视问题时要想取得真正进展所需的那种领导者，也是我们在应对我在本书开头提出的五个巨大挑战时要想取得真正持久进展所需的那些重塑者。

我们最终将致力于解决促使美国的不平等和社会分裂现象加速发展的根源性问题。我们都同意我们需要为更好的未来而努力，并以正确的方式推动变革。我们都可以通过改变我们的生活方式，在21世纪20年代使美国变成一个更加平等、人们之间联系更加紧密的国家。我们都渴望以一种新的领导方式重塑美国，不让乔治·弗洛伊德白白死去。我们都可以成为重塑者。

我当时不可能知道，但在我五岁的时候，在我得克萨斯州农村的家东北方向约500英里处，一个名叫约翰·刘易斯（John Lewis）的年轻人为我"跨过了一座桥"。在那个历史性的日子里，像他不平凡的一生中的许多其他日子一样，刘易斯议员忍受着不合情理的待遇，挑战和改变他所爱的国家的固有认知，使我们的国家更加完美；使我们更加接近我们的建国理想；使像我这样的黑人儿童能够追求我们的美国梦。

昨天深夜，我的英雄刘易斯议员以特有的勇气和风度"跨过了另一座桥梁"，从一位备受尊重的长者变为了英灵。在纪念这段历史的时候，我们不需要把刘易斯议员理想化，过于美化他：他是一位更加符合美国立国精神的美国和一个更加公平、美好的世界的缔造者。

——福特基金会首席执行官达伦·沃克（Darren Walker）